ENTRENE

Capacite a otros para conducir eficazmente a un grupo pequeño

Joel Comiskey

CCS Publishing

www.joelcomiskeygroup.com

Publicado por CCS Publishing
Moreno Valley, CA 92557 USA
1-888-511-9995

Este libro, *Coach: Empower Others to Effectively Lead a Small Group*, estaba publicad originalmente por CCS Publishing en 2008.

Diseño por Josh Talbot
Interior por Sarah Comiskey
Editado por Scott Boren

ISBN: 978-1-935789-51-2

Todas las citas bíblicas, a menos que se indique lo contrario, son de la Santa Biblia Nueva Versión Internacional, Copyright © 1973, 1978, 1984 por Sociedades Bíblicas Internacional. Usados con permiso.

CCS Publishing es una parte del ministerio de Joel Comiskey Group, un ministeri dedicado a ofrecer recursos y asesoramiento a líderes e iglesias del movimient celular mundial.
www.joelcomiskeygroup.com

Contenido

Contenido

Introducción

Mi entrenador favorito es John Wooden. A lo largo de su carrera como entrenador de baloncesto universitario para los Bruins de la universidad UCLA, Wooden ganó diez títulos de la liga NCAA, incluyendo siete consecutivos desde 1967 a 1973. Sus equipos de la UCLA además alcanzaron el record de ganar ochenta y ocho partidos seguidos, cuatro temporadas de perfectos 30-0, y ganaron treinta y ocho juegos sucesivos en los torneos de la NCAA.

Sin embargo, Wooden no se concentraba exclusivamente en ganar juegos de baloncesto. Estaba más preocupado en el desarrollo de carácter de sus jugadores. Les alentaba al éxito en sus estudios, actitudes y conductas, lo que finalmente resultaba en el éxito en el piso de baloncesto. Y Wooden vivía la vida que demandaba que sus jugadores siguieran. Wooden fue un increíble entrenador porque invertía en las vidas de sus jugadores y en el desarrollo de sus caracteres.

El entrenamiento de los líderes de grupos pequeños requiere compromisos similares a esos. La meta de los entrenadores cristianos es llevar a las personas hacia Jesucristo. El entrenador cristiano lucha para conducirles a conformarse a la imagen de Jesucristo, sabiendo que la corona final es la que permanecerá para siempre (1 Corintios 9:25).

Así como la formación de un carácter como el de Cristo es lo más importante, el entrenador de grupos pequeños además equipa a los líderes con herramientas, conocimientos y oportunidades para que se desarrollen a sí mismos y sean más efectivos en el ministerio. Un entrenador celular alienta, nutre y desafía a los líderes para crecer y multiplicar sus grupos.

La palabra "entrenador" describe el papel que una persona juega al apoyar a los líderes celulares bajo su cuidado. No es un término sagrado. Por cierto, las iglesias usan muchos términos para identificar el papel del entrenador de células: supervisor, líder de sector, líder G-12, sobreveedor de células, patrocinador celular, y hasta "L" (que es el número romano para 50).

Este libro provee instrucciones cómo entrenar a un líder celular desde las etapas iniciales hasta el dar a luz nuevos grupos. Quienes no hayan entrenado a otros antes, recibirán una información clara de cómo ayudar a un líder de célula a alcanzar el próximo nivel. Para quien ya esté entrenando líderes de grupos las ocho lecciones de este libro le serán útiles para poder capacitar a otros en la conducción de grupos que sean fructíferos.

Tengo otro libro que profundiza el tema aún más que se llama: *How to be a Great Cell Group Coach (Cómo ser un gran entrenador de grupos celulares)*. Algunos de los conceptos son cubiertos en ambos libros, pero la particularidad de este es ser un manual práctico para preparar a alguien que sea un entrenador de líderes de grupos pequeños. Mi otro libro puede ser un manual de referencia ideal para ser usado junto con éste.

Recursos adicionales

"Entrene" es parte de una serie de entrenamiento avanzado de dos libros que prepara a las personas para ser maduros seguidores de Jesucristo. El otro libro de esta serie es *Discover (Descubra),* un recurso para ayudar a los creyentes a identificar sus dones espirituales.

The Basic Training Series (La Serie de Entrenamiento Básico) comprende cinco libros que están disponible en www. joelcomiskeygroup.com o llamando gratis en los Estados Unidos de América al 1-888-511-9995.

Puede usar este libro individualmente, en un grupo pequeño, en una clase. Los bosquejos de las clases y las presentaciones de Power Points para todos los cinco libros de la Serie de Entrenamiento Básico están grabados en CD. Este CD puede ser adquirido en el sitio de internet y al número telefónico previamente mencionados.

Reciba

ace un tiempo atrás estuve trabajado hasta el punto de caer exhausto. No guardaba mi día libre, no cuidaba mi cuerpo, y en un momento me dio bronquitis. Tenía compromisos para enseñar que no podía cancelar. Me acuerdo de las noches en vela tosiendo y casi sin poder respirar, sabiendo que debía enseñar en el siguiente día. Al repasar esos días agotadores, me doy cuenta que traté de forzar demasiado trabajo en un período de tiempo limitado terminando así perdiendo el equilibrio. En mi deseo de cumplir con metas, no cuidé de mi tiempo libre, el tiempo para mi familia fue afectado y no pasé adecuado tiempo con el Señor tampoco. Aprendí que debo mantener ciertas prioridades en mi vida si deseo alcanzar logros a largo plazo. Y un proceso de entrenamiento poderoso comienza con tener equilibrio en la vida. La eficiencia depende de su relación con Jesucristo.

Recibir diariamente

El propósito del entrenamiento es ayudar al líder a mantener una vida concentrada y equilibrada. Si ha de ayudar a alguien, primero debe ayudarse a sí mismo. Estoy convencido que el recurso más significativo viene de pasar un tiempo de calidad en la presencia de Dios diariamente. Creo, ciertamente, que la disciplina más importante en la vida cristiana es dedicar diariamente un tiempo en su presencia.

Este tiempo a solas con Dios le permitirá conocerle, alimentarse de su palabra, y ser capacitado por su Espíritu. En ese tiempo a solas, podrá adorar al Rey de reyes, escuchar su voz, y recibir dirección cada día. Se sentirá facultado para servir a otros.

Cuando pasa diariamente tiempo en su presencia aprende a reconocer su voz. Esa misma voz le guiará a palabras de sabiduría para aconsejar a otros. Su confesión y sometimiento de sus debilidades a Él le ayudará cuando deba ministrar a otros. El desea mostrarnos cuán dependientes somos de su dirección. Dele sus preocupaciones y temores y confíe que El ha de obrar.

¡Pruébalo!

- Si pasa tiempo con El, ¿cómo le ha afectado ese tiempo para cambiar su vida?

_____

_____

_____

- Si no lo hace ¿cuáles son los obstáculos para pasar tiempo de calidad con Dios?

_____

_____

_____

_____

Romanos 15:5 dice: "Que el Dios que infunde aliento y perseverancia les conceda vivir juntos en armonía, conforme al ejemplo de Cristo Jesús, para que con un solo corazón y a una sola voz glorifiquen al Dios y Padre de nuestro Señor Jesucristo." Ustedes pueden ministrar efectivamente a otros en la medida que el Dios que infunde aliento y perseverancia llene sus corazones.[1]

1 Mi libro *An Appointment with the King (Una cita con el Rey)* es el libro más importante que he escrito porque provee de instrucciones detalladas acerca de cómo tener un tiempo a solas con Dios (este libro puede ser adquirido en www. joelcomiskeygroup.com o llamando al 1-888-344-CELL).

¡Pruébalo!

- Lee Hebreos 3:7.
- ¿Qué nos dice Dios que debemos hacer?

_____

_____

_____

- ¿Cómo te das cuenta que Dios te está hablando?

_____

_____

_____

_____

_____

_____

Tómate un día

Me gusta terminar lo que hago. Así me hizo Dios. Sin embargo, algunos años atrás al estar planeando hacer más, el Señor me convenció de detenerme de "hacer." Dios me recordó que había apartado un día para descansar. Dios hizo el cuerpo humano para que funcione bien durante seis días de la semana, no siete. En Génesis 2:2–3 declara: "Al llegar el séptimo día, Dios descansó porque había terminado la obra que había emprendido. Dios bendijo el séptimo día, y lo santificó, porque en ese día descansó de toda su obra creadora." (NVI)

Después de seis días naturalmente ya no tenemos energías. Si vamos en contra de las normas de Dios en algún momento pagaremos un precio. No creo que ninguno de nosotros sea tan indispensable que pueda abandonar su cuerpo y alma dejando de tomar un día libre.

Platiqué con un líder que rehusaba tomar un día libre porque insistía que a quienes aconsejaba lo necesitaban demasiado. Sentía que sería pecaminoso abandonar a personas disfuncionales que lo necesitaban. Se consideraba egoísta si no podía estar constantemente disponible para quienes necesitaban de su consejo. "Pero no podrás ayudarles," le dije, "si te agotas y terminas con tus nervios crispados." Pero no aceptó mi consejo. Sin embargo, quienes le necesitaban podrían haber sido servidos a la larga si él se hubiera tomado un día a la semana para descansar.

No creo que debamos descansar en un día específico (ej.: sábado, domingo). Los pastores normalmente están muy ocupados los domingos y no pueden encontrar un tiempo de descanso en ese día. Cualquiera que sea el día que escoja debe ser un tiempo de verdadero descanso.

Tu día de descanso no debiera tener reglas y estipulaciones, como "no hacer esto" o "dejar de hacer aquello," etc. Para sobrevivir necesita hacer algunas cosas, como lavar las vajillas o sacar la basura. Pero evite las tareas regulares relacionadas con el trabajo en cuanto sea posible. Levítico 23:7–8 dice: "El primer día celebrarán una fiesta solemne en su honor; ese día no harán ningún trabajo. Durante siete días presentarán al Señor ofrendas por fuego, y el séptimo día celebrarán una fiesta solemne en su honor; ese día no harán ningún trabajo." El énfasis está en el "trabajo regular." En su día libre debe cesar de hacer las cosas que son parte de la carga del trabajo regular. Debe darse un recreo y hacer aquellas cosas que le ayuden a relajarse y refrescarse.

Para mi día libre, por ejemplo, trato de evitar todo lo que suene a trabajo normal. Sólo leo libros que no estén relacionados con el trabajo. No reviso mis correos electrónicos y no contestamos al teléfono. Mi esposa y yo acordamos no hablar temas relacionados con el trabajo o que produzcan ansiedad. Deseo descansar mi mente, no atarme a problemas y ansiedades de los otros días de la semana. Duermo más. Doy caminatas, dedico tiempo con el Señor, disfruto de la familia, comida y de todo lo que de reparo.

¡Pruébalo!

- Si ya tiene la costumbre de tomar un día libre, ¿qué beneficios encuentra al hacerlo?

_____

_____

_____

_____

- Si no está tomando un día libre por semana, ¿cuál es el obstáculo número uno para no hacerlo?

_____

_____

_____

Reciba entrenamiento de sus allegados

Participaba de un encuentro de los Promise Keeper (Hombres de Promesa) cuando escuché a John Maxwell hablar por primera vez acerca del verdadero éxito. Dijo: "El verdadero éxito consiste en que sus allegados le amen y respeten más que otros."

En aquella oportunidad no había captado la profundidad de esa declaración, pero con el transcurso del tiempo he podido reflexionar en la vida, ministerio y relaciones. Las palabras de Maxwell me han convencido una y otra vez de priorizar aquello que realmente importa en la vida.

Para poder entrenar eficientemente a otros necesitamos ser entrenados por los allegados (i.e., conyugue, hijos, padres, etc.). Es muy difícil entrenar a otros cuando las relaciones personales íntimas se están destruyendo. Recuerde: nunca puede conducir a alguien más allá de donde usted está.

Por ejemplo, si usted está casado, su conyugue debe ser su mejor amigo/amiga. Oramos con mi esposa regularmente y la considero mi amiga más íntima y mi compañera de rendición de cuentas. Cuando tambaleo en cualquier área de mi vida, ella es a quien confieso primero. Esta rendición de cuentas me protege, prepara y califica para entrenar y ser mentor de otros.

Me he dado cuenta que algunos esposos no tienen problemas en compartir sus traspiés con otros hombres pero no van directamente a sus esposas. Lo mismo ocurre con las esposas quienes comparten con otras damas sus problemas antes de ir directamente con sus esposos.

Aunque pudiese parecer más fácil compartir los problemas con alguien de su mismo género, esto nunca debiera ser una excusa para no ir directamente a su conyugue. Su conyugue es la primer línea de defensa contra los ataques y tentaciones de Satanás.

¡Pruébalo!

- Lee 1 Corintios 11:1.
- ¿A quiénes dice Pablo que los corintios debían seguir?

_____

_____

- ¿En qué áreas está modelando a Cristo para sus allegados?
- ¿Qué áreas necesita mejorar?

_____

_____

_____

_____

Tengo un amigo llamado Juan que ama a Jesús. Dios lo convenció a Juan de su trato con la pornografía, lo confesó al Señor y con el tiempo, a uno de sus amigos. Se sintió cómodo de confesar a un amigo de su mismo sexo acerca de sus problemas pero no quiso compartirlo con su esposa. Le llevó mucha oración y arrojo, pero cuando lo hizo, se sorprendió con la respuesta amorosa que le diera su esposa. Esta confesión lo acercó más a ella y Juan ahora tiene a alguien que le puede ayudar a evitar tales tentaciones. Juan asimismo está siendo sanado emocional y espiritualmente en ese proceso.

Si eres soltero, le alentaría a que halle un buen amigo del mismo sexo para conversar y compartir. Crecerá espiritualmente y en su relación con Dios en la medida que comparta íntimamente con otra persona. Y, como resultado, podrá ser un entrenado mucho más efectivo.

Si creces en las relaciones con Dios y con los allegados estarás en camino para ser un gran entrenador. Pero si descuidas ambas tendrás poco o nada para ofrecer a otros.

Visité una mega iglesia que era un modelo para grupos celulares multiplicadores. Sin embargo, como sus entrenadores estaban tan ocupados tratando de multiplicar los grupos celulares sus matrimonios sufrían. *Puede ser que sea un gran éxito ahora, pero si sigue así este barco se va a hundir,* pensé en mi interior. Lamentablemente así fue y la iglesia ahora está desarmada.

No estoy hablando de perfección. Sólo Dios es perfecto, y si usted es como yo, siente una gran necesidad de mejorar su relación con Dios, su esposa y otras personas claves en su vida. Pero siga haciéndolo.

¡Hágalo!
Dedica un tiempo quieto diario al Señor Jesucristo.

El carácter cuenta

Todos hemos leído acerca de "líderes exitosos" que terminan siendo atrapados en pecados morales o sexuales. ¡No termine siendo parte de esta estadística! Permita que Dios lo moldee en sus áreas secretas para que pueda brillar en la luz como un hombre o mujer veraz. D.L. Moody una vez comentó: "El carácter es lo que eres en lo secreto."

Dios obra en nuestro carácter porque sabe que éste eventualmente nos revelará. La mayor parte de los requisitos del Nuevo Testamento, por cierto, giran alrededor del carácter. Las virtudes tales como honestidad, fidelidad y buen juicio son sinónimos de un liderazgo novotestamentario. No hay talento ni dones que puedan reemplazar esas características. Las cualidades de un mal carácter van a surgir tarde o temprano, mientras que las de uno bueno brillarán a lo largo de un largo trecho.

¡Pruébalo!

Lea el Salmo 139 (concentrándose especialmente en los versículos 23-24).

¿Cuál es el tema principal de este Salmo?

_____

_____

¿Qué específico necesita traer Dios a la luz y cambiar en su vida?

_____

_____

_____

_____

_____

El entrenamiento efectivo gira alrededor de la persistencia. Hágase tiempo para un momento de quietud cada día. Tómese un día libre por semana. Priorice su vida familiar y a sus allegados. Sea persistentemente y será recompensado.

¡Memorícelo!
"Que nadie te menosprecie por ser joven. Al contrario, que los creyentes vean en ti un ejemplo a seguir en la manera de hablar, en la conducta, y en amor, fe y pureza."
(1 Timoteo 4:12).

¡Recuérdalo!
¿Qué sobresalió para usted en esta lección?

_____

_____

_____

_____

_____

_____

_____

_____

_____

_____

_____

Puntos principales:

1. Jesús desea hablarnos directamente por medio de un tiempo diario de meditación.
2. Parte del plan de Dios es que tome un día libre para descansar.
3. El verdadero éxito consiste en que sus allegados le amen y respeten más que otros.
4. El deseo de Dios es edificar en nosotros un carácter santo.

¡Practícalo!

1. Pase un tiempo diario con Jesucristo.
2. Tómese un día libre por semana.
3. Priorice su tiempo con su esposa y familia.
4. Permita que Dios le moldee su carácter.

Notas del Capítulo

Notas del Capítulo

Aprenda

Gran parte de lo que sé acerca de entrenamiento viene de mis errores. En el año 2001 empecé a dedicarme a tiempo complete a entrenar líderes cristianos. Es decir, me comenzaron a pagar a tiempo complete por entrenar líderes. Pero había un problema: no sabía nada acerca del entrenamiento. Creía saber, pero en realidad confundía entrenamiento con dar una consultoría o enseñar.

Comenzó a ser aparente en la medida que los meses pasaron que la manera en la que estaba entrenando no funcionaba. Quienes yo entrenaba se cansaban de escucharme darles constantemente consejos y, cuando me quedé sin respuestas me sentí en apuros para justificar mis instrucciones de entrenamiento. Mis evaluaciones empezaron a ser más y más negativas y algunos líderes abandonaron. Fue uno de los períodos más difíciles de mi vida.

La buena noticia era que de allí en más lo único que podía hacer era mejorar. Comencé a devorar cada pieza de literatura acerca del entrenamiento. Se me abrió un nuevo mundo, uno que yo no sabía que existía. Los misericordiosos líderes que seguían conmigo recibieron con agrado mi cambio de perspectiva. Ahora tenía algo para dar.

Al repasar aquel tiempo difícil y ver dónde estoy ahora, me doy cuenta que Dios me estaba poniendo en una escuela nuevamente. Usó mis errores y fallas para empujarme hacia adelante en mi desarrollo y hacerme entonces un mejor entrenador.

Tú también cometerás muchos errores. Sólo recuerda que los errores te ayudarán en vez de impedirte. Teddy Roosevelt, por cierto, dijo, "Quien no se equivoca no avanza." Las habilidades se desarrollan con la experiencia.

El entrenador no necesita ser alguien especial o súper humano para entrenar eficazmente. Muchas veces los mejores entrenadores se sienten menos competentes. La diferencia es que ellos ponen sus debilidades a los pies de Jesús y le permiten que Él sea fuerte en ellos.

Ya que el proceso d ser entrenador en el grupo celular implica guiar a otra persona a llevar frutos constantes en el ministerio, usted necesita aprender continuamente y estar actualizado.

¡Pruébalo!

- Lea 2 Corintios 12:9-10.
- Describa cómo Pablo aprendió a gloriarse en sus debilidades.

_____

_____

_____

- ¿Cuáles son algunas áreas débiles en su vida?
- ¿Cómo Dios ha llegado a hacerse fuerte en esas áreas?

_____

_____

_____

Aprenda de los errores

Un joven, ávido por trepar al asiento del conductor de su organización, fue a la oficina del jubilado y le dijo: "Señor, como sabe el directorio me ha escogido para sucederlo como presidente del banco y le agradecería profundamente cualquier consejo que me pueda dar para ayudarme."

El anciano le dijo: "Siéntese, hijo. Tengo dos palabras para aconsejarle. "¿Dos palabras, cuáles son?" preguntó el joven ejecutivo.

"Decisiones acertadas," le respondió. El joven pensó un momento y preguntó "Señor, eso es muy útil, pero ¿cómo llego a las decisiones acertadas?" El anciano respondió "Una palabra: experiencia." "Gracias, señor," dijo el joven. "Sé que es muy útil, pero ¿cómo alcanzo esas experiencias?" El anciano sonrió y respondió: "Dos palabras: malas decisiones."

Jesús permitió que sus discípulos cometieran errores y aún que fracasasen. Así, por medio de fracasos, les enseñó lecciones de extremo valor. Cuando Pedro quiso caminar sobre las aguas, Jesús sabía que iba a hundirse. Sin embargo le dijo: "Ven." Las Escrituras lo describen así: "—Ven —dijo Jesús. Pedro bajó de la barca y caminó sobre el agua en dirección a Jesús.30 Pero al sentir el viento fuerte, tuvo miedo y comenzó a hundirse. Entonces gritó: —¡Señor, sálvame! En seguida Jesús le tendió la mano y, sujetándolo, lo reprendió: —¡Hombre de poca fe! ¿Por qué dudaste?" (Mateo 14:29–31). Por medio del fracaso, Jesús enseñó a Pedro a tener fe sin dudar. Pedro aprendió una lección valiosa aquel día y como resultado llegó a ser un mejor líder.

El fracaso puede ser un maestro excelente siempre y cuando usted esté dispuesto a no darse por derrotado. Satanás también le atacará cuando cometa errores, diciéndole que no merece ser entrenador, que no está lo suficientemente informado, o que el ser mentor o entrenador no es su vocación. Siempre recuerde que Jesús usa a gente inadecuada. Se especializa en moldearnos fortaleciéndonos a través de nuestras debilidades. Así que cuando escuche esas voces que le condenen, reconozca que no son de Dios. Refiriéndose a las acusaciones de Satanás, el apóstol Juan dice: "Porque el acusador de nuestros hermanos, que los acusaba delante de nuestro Dios día y noche, ha sido arrojado" (Apocalipsis 12:10). Satanás y sus demonios son expertos en mentir y practicar esta habilidad con regularidad. Permanezca firme en contra de él con la verdad de la Palabra de Dios, y él huirá de vosotros.

Dios nos pide que avancemos. No puede usarnos si permanecemos en pasividad. Solamente podemos aprender y crecer si avanzamos abiertos a la posibilidad de cometer errores. Henry Cloud y John Townsend escribieron un excelente libro llamado *Boundaries (Límites)*. Escriberon:

La pasividad nunca trae resultados. Dios complementa nuestros esfuerzos, pero nunca obra en nuestro lugar. Eso sería una invasión de nuestros límites. Desea que seamos decididos y activos, buscando, llamando a la puerta de la vida... el siervo "malo y negligente" era pasivo. No hizo el intento por nada. La gracia de Dios cubre las faltas, pero no, puede compensar por la pasividad. Debemos hacer nuestra parte. El pecado que Dios reprende no es el tratar y fallar sino fallar en tratar. Trata, fallar, e intentar nuevamente es parte del aprendizaje. Pero el fallar en tratar no traerá buenos resultados, el mal triunfará. Dios expresa su opinión en relación con la pasividad en Hebreos 10:38–39: "'Mas el justo vivirá por fe; y si retrocediere, no agradará a mi alma.'... El retroceder pasivamente es intolerable para Dios, y cuando comprendemos lo destructivo que es para el alma, nos damos cuenta por qué Dios no lo tolera.[1]

No retroceda. Permita que Dios le use en sus debilidades mientras usted avanza en la vida. Recuerde que El se fortalece en sus debilidades (2 Corintios 12:9–10). La persona que entrena tiene tantos temores y deficiencias como usted. Dios usa personas débiles, de manera que si está en esa categoría, sabe que Dios le usará. Entréguese a El y permítale que El llegue a otros por medio suyo.

---

1 *Boundaries,* Grand Rapids, MI: Zondervan, 1992, pp. 99-100.

¡Pruébalo!

- Lea Mateo 14:27-31.
- Describa lo que Pedro intentó hacer en este pasaje.

_____

_____

_____

- ¿Cómo puede aplicar específicamente la lección de Pedro en su propia vida? (recuerde que Pedro llegó a ser uno de los líderes claves de la iglesia del primer siglo)

_____

_____

_____

Aprender en la batalla

Siendo que la mejor maestra es la experiencia, le recomiendo que antes de ser un mentor lidere un grupo celular. Aún mejor si ese grupo se haya multiplicado. Estas experiencias le ayudarán a entrenar a otros. Así podrá extraer tanto de lo positivo como de lo negativo de lo vivido en el grupo. Dios nos forma por medio de experiencias difíciles y dolorosas por las que nos prepara para ministrar a otros. El llegar a ser un mentor no es diferente.

He disfrutado en estos últimos diez años el conducir un grupo con mi esposa. He experimentado muchos tiempos improductivos y secos. En momentos no veía la salida. ¿Cómo iba Dios a traer nuevas personas a nuestro grupo? ¿Cómo íbamos a multiplicarnos? Aún hoy en día siento la pena y dudas cuando las personas no vienen al grupo, o cuando no quieren llevar el evangelio a otros. Y aun así la buena noticia es que muchos han sido transformados en nuestro grupo celular. Al mirar atrás siento gozo y gratitud por quienes se multiplicaron a partir de nuestra célula con el paso del tiempo. Y la conclusión es que puedo usar de esas experiencias de la vida real, tanto las positivas como de las negativas, cuando estoy entrenando a otros.

Puede llegar a ser que esté entrenando al líder que vino de su propia célula. En mi opinión personal esa es la mejor opción. De la misma manera que la madre tiene una afinidad especial con su propio hijo, al entrenar a un líder de una célula hija usted sentirá una conexión especial. Si puede liderar una célula al mismo tiempo que entrena a otros, hágalo. Podrá descubrir grandes recursos en la medida que aprende de su propia experiencia.

¡Pruébalo!

- Lean Mateo 23:1-3.
- ¿Cuál fue la hipocresía de los fariseos?

_____

_____

_____

- Como mentor, ¿por qué es importante haber practicado lo que le está pidiendo a sus líderes que hagan?

_____

_____

_____

_____

_____

_____

Aprendizaje de toda la vida

Dios lo ha hecho un alumno de toda la vida. Todo lo que le permite pasar tiene un propósito. Sus enseñanzas como mentor vienen de sus padres, de su crianza, de su educación, y de sus experiencias en su vida. Dios va a usar de esas experiencias en su trabajo como mentor o entrenador. Encuentro que todas las experiencias, habilidades, dones y talentos me ayudan al entrenar a otros. Dios lo usa todo. El entrenamiento requiere de todas las habilidades que pueda reunir para llevar a cabo la tarea.

Lea todo lo que pueda acerca de la tarea del entrenador (*Nota del traductor: en administración de empresas se usa el anglicismo: "coaching"*). Ponga en práctica las sugerencias de esos recursos. Recuerde, sin embargo, que no existe una fórmula mágica para ser un buen entrenador o mentor. Sí hay principios, pero no hay fórmulas mágicas.

Los principios fundacionales para el entrenamiento incluyen el saber escuchar, el cuidado de las personas, el diseño de estrategias, y el saber desafiar a las personas. Estas características le servirán como el fundamento sobre lo que podrá edificar. Sin embargo siempre necesitará continuar edificando, creciendo y perfeccionando sus habilidades para entrenar a otros. Mi consejo a mentores es que dominen los principios fundacionales de entrenamiento pero que no se detengan allí. Se necesitará siempre de la creatividad y el crecimiento.

Aprender dedicando tiempo

La mejor manera para conocer al líder que estará entrenando es dedicándole tiempo. ¿Cuánto tiempo se necesita para entrenar efectivamente a un líder? La mayoría de los mentores y líderes de por sí están muy ocupados, de manera que esta es una pregunta muy importante. Un entrenador puede pasar a dos extremos: o demandar demasiado tiempo al líder (por ejemplo: reuniones, llamadas telefónicas, etc.) o no pasar suficiente tiempo con el líder.

Yo creo que existe un feliz término medio. Prefiero pensar en requisitos mínimos. Necesita pasar tiempo con la persona que está entrenando para mantener calidad. Pero no todos los líderes necesitan dedicárseles el mismo tiempo. Algunos líderes son emprendedores, equilibrados y maduros espiritualmente. Estos todavía necesitan de un mentor, pero no necesitan un seguimiento tan cercano. Otros líderes pierden su eficacia si no se los supervisa regularmente.

Sugiero que los entrenadores piensen en un encuentro personal con su líder una vez por mes. Aparte de ese encuentro, los mentores debieran una conversación telefónica una vez por mes. Si está entrenando más de un líder, puede pedir a los líderes que se reúnan en grupo, reduciendo entonces el tiempo dedicado de manera personal con cada líder. El entrenador debiera visitar el grupo celular ocasionalmente, tal vez una vez cada tres meses.

La pregunta más importante es si la persona entrenada se siente cuidada. Puede preguntarle al líder: "¿Cuánto tiempo cree que necesito dedicarle para que pueda ser un líder más eficaz?" Su pastor puede darle una idea en esta área también.

¡Pruébalo!

• Lea Marcos 3:13-14.

• ¿Qué le dice el versículo 14 acerca de la prioridad de Cristo para con sus discípulos?

_____

_____

_____

• ¿Cuánto tiempo piensa que debiera dedicar a la persona que está entrenando (o que lo hará en el futuro)?

_____

_____

_____

_____

Simplemente entrene

En último caso, simplemente necesita hacerlo. Simplemente entrene. Luego de hacerlo, evalúe el progreso, aprenda de la batalla y crezca como resultado. Irá perfeccionando la habilidad de entrenar al ir avanzando. No necesita hacerlo todo perfecto ahora mismo. Eso vendrá con el tiempo. La clave es simplemente entrenar a otros. Sólo hágalo.

¡Hágalo!
Determine resistir la pasividad dando un paso de fe y tomando el riesgo en algún área en la cual hubiera experimentado fracasos en el pasado.

¡Memorícelo!
"Hermanos, no pienso que yo mismo lo haya logrado ya. Más bien, una cosa hago: olvidando lo que queda atrás y esforzándome por alcanzar lo que está delante, sigo avanzando hacia la meta para ganar el premio que Dios ofrece mediante su llamamiento celestial en Cristo Jesús." (Filipenses 3:13-14).

¡Recuérdalo!

¿Cuál parte de esta lección le impactó más?

_____

_____

_____

_____

_____

_____

Puntos principales:

1. El fracaso es la puerta trasera del éxito.
2. Dios nos usará en la medida que activamente tratemos de seguirle. Dios resiste la pasividad.
3. Los principios de entrenamiento requieren un aprendizaje de toda la vida.
4. Existe un balance delicado entre dedicar poco y no suficiente tiempo con el líder.

¡Practícalo!

1. Permanezca en la batalla de un ministerio de grupos pequeños y aprenda de su experiencia.
2. Evite la pasividad permitiendo que Dios lo use en sus debilidades.
3. Siga adelante creciendo por medio de la experiencia.
4. Crea que Dios usará sus experiencias y conocimiento del pasado al entrenar a otros.

Notas del Capítulo

Notas del Capítulo

Planee

El primer grupo que conduje fue en la casa de mis padres en 1975. Dios había obrado en mi vida maravillosamente dos años antes que yo solamente quería seguirle. Inadvertidamente había tomado la idea de que era más espiritual no planear lo que iba a compartir en el tiempo del estudio bíblico. Pensaba que iba a glorificar a Dios simplemente abriendo mi boca y esperando a "ver" lo que El llenaría. Bueno, ciertamente El llenó cada semana, pero simplemente con las mismas pocas cosas que había aprendido en mis dos años de creyente.

Gracias a Dios, El no había terminado conmigo y eventualmente aprendí que está bien prepararse y planear un mensaje. Por cierto Dios nos pide en las Escrituras que planeemos lo que habremos de hacer.

Un amigo mío solía usar como argumento Mateo 6:34 contra la idea de planear: "Así que, no os afanéis por el día de mañana, porque el día de mañana traerá su afán. Basta a cada día su propio mal." Pero lo que Jesús está enseñando es el no afanarse o preocuparse, no el no planear. Muchas escrituras afirman la importancia de planificar. Los Proverbios están llenos de estos:

- "Sin consulta, los planes se frustran, pero con muchos consejeros, triunfan." (Proverbios 15:22 LBA).
- "En los planes del justo hay justicia, pero en los consejos del malvado hay engaño." (Proverbios 12:5 NVI).
- "Pon en manos del Señor todas tus obras, y tus proyectos se cumplirán." (Proverbios 16:3).

Los mejores entrenadores tienen un plan, tienen una agenda. No esperan simplemente que algo ocurra con su entrenamiento.

Planee orar por su líder

El mejor entrenador es el Espíritu de Dios. Cuando los entrenadores oran por sus líderes, el Espíritu Santo opera en sus vidas. Desciende sobre ellos concediéndoles la habilidad para escuchar y poner por obra su voluntad diariamente. Al orar los entrenadores por quienes guían, Dios les provee de claridad con respecto a las necesidades de los líderes. Guía a los entrenadores en sus amistades y con sus palabras y aliento. Al orar por sus líderes diariamente, comprenderá sus dolores y se gozará con sus victorias, podrá ministrar en un nivel que nunca hubiera soñado poder hacerlo.

Pablo comparte una reveladora verdad en 1 Corintios 5:3: "Yo, por mi parte, aunque no estoy físicamente entre ustedes, sí estoy presente en espíritu, y ya he juzgado, como si estuviera presente, al que cometió este pecado." Pablo podía estar presente por medio de la oración. La oración permite al entrenador más experimentado estar con su Nuevo líder de grupo celular a todo tiempo, aunque esté ausente físicamente. Al orar diariamente por sus líderes celulares, Dios concede al entrenador favor para con sus líderes aún antes de verles.

¡Pruébalo!

- Lea Efesios 6:12.
- ¿Qué tipo de batallas enfrentamos los creyentes?

_____

_____

_____

- Al pensar en este tipo de batalla spiritual, ¿por qué es importante orar diariamente por sus líderes?

_____

_____

_____

A continuación tiene unas ideas para ayudarle a orar por quienes entrena:

- Discernir las necesidades de la persona.
- Entrar en el campo de batalla en favor de la persona.
- Orar persistente y fervientemente por sus necesidades.
- Regocijarse cuando Dios responde la oración. Y no dude en contarle al líder que está orando por él. Su líder apreciará su esfuerzo y se sentirá más seguro al conducir su grupo celular

Planee contactar al líder

Puede contactar al líder que está entrenando por medio de reuniones grupales, personales, por teléfono o chateando por internet. En realidad, las conversaciones telefónicas con el líder pueden ser la manera más práctica y frecuente para entrenar. Como mencioné en la lección anterior, recomiendo que se tenga una llamada telefónica de entrenamiento por mes y un encuentro con el líder por mes también.

Para las llamadas telefónicas necesita planear cuándo llamará al líder. Luego de poner un tiempo, comunique al líder cuánto durará una llamada de entrenamiento "normal." Recomiendo una llamada telefónica de 15 a 30 minutos. Un mentor debe ser capaz de abarcar todo lo que necesita en una llamada no mayor de treinta minutos. Pasando treinta minutos corre el riesgo de sobre extenderse.

Entrenamiento en grupo es otra opción y se practica regularmente en Iglesias basadas en grupos pequeños. Por ejemplo, si está entrenando tres líderes puede pedirles que se reúnan con usted antes de la reunión de adoración del domingo. Cada líder puede contribuir durante la discusión general, como el hierro se afila con el hierro. El entrenamiento en grupo requiere mayor administración porque necesita encontrar un tiempo aceptable para todos. Si está entrenando tres líderes y solamente aparece uno, este se sentirá desalentado de ser el único que es responsable.

En las culturas internacionales el entrenamiento grupal es la norma. Pero en las culturas individualistas como la Norteamérica recomiendo dedicar tiempo individual a cada líder—medio tiempo en el teléfono y la otra parte en un encuentro personal.

Los encuentros personales con su líder pueden ser un desafío, especialmente si la persona es del sexo opuesto. Por cierto, recomiendo entrenamiento con personas del mismo género cuando es individual en encuentros personales (un entrenador varón con un líder varón, etc.) Hay excepciones, pero la regla general es que el entrenador hará una mejor labor con una persona del mismo género, así entonces evitando tentaciones sexuales y aún apariencias de maldad.

¡Pruébalo!

- Lea nuevamente las recomendaciones previas acerca de cuánto tiempo puede dedicar al entrenamiento (i.e., en el teléfono, etc.).
- ¿Cree que estas recomendaciones son realizables? ¿Por qué?

_____

_____

_____

_____

_____

- ¿Cómo adaptará estas recomendaciones a su propia situación?

_____

_____

_____

_____

_____

_____

Planee sus preguntas

Planee sus preguntas. La preparación del entrenamiento de líderes requiere tareas previas al encuentro. Principalmente me refiero a pensar en las circunstancias del líder y preparar preguntas que se ajusten a sus necesidades. Piense en varios tipos de preguntas que involucren la viuda spiritual, de la familia y del liderazgo de la célula. Puede preparar preguntas como las siguientes:

- "¿Qué ha estado aprendiendo en su tiempo diario con el Señor?"
- "¿Cómo está su relación con su esposa e hijos?"
- "¿Qué desafíos está enfrentando al liderar su grupo celular?"

Este tipo de preguntas le ayudarán a tocar la vida del líder de célula y a poder ministrarle personalmente. Las preguntas ayudan a concentrar el entrenamiento. Ellas le permitirán mantenerse en la misma dirección en vez de divagar.

Mantenga un archivo de cada uno de sus líderes. Luego de la sesión de entrenamiento, por ejemplo, le recomiendo que escriba sus observaciones y descubrimientos. Luego, antes de su próxima reunión puede repasar sus notas para refrescar su memoria acerca de lo que haya hablado y en qué áreas necesita desafiar al líder. Esta información le ayudará a prepararse para la próxima serie de preguntas.

Yo mantengo notas detalladas para cada líder que entreno. Hallo muy útil usar mi computadora. Pero usted puede preferir escribir en un cuaderno o anotador con lapicero y tinta. Lo importante es recordar lo que hayan compartido en la última sesión y así elaborar la próxima conversación. Su archivo le servirá asimismo como una guía de oración para la persona que está entrenando.

¡Pruébalo!

- Lea Proverbios 16:3.
- ¿Qué nos dice este pasaje acerca de cómo se obtiene el éxito en los planes?

_____

_____

_____

_____

_____

- ¿Cómo puede aplicar este versículo a su entrenamiento del líder?

_____

_____

_____

_____

_____

_____

_____

Planee sus visitas a las reuniones celulares

Es bueno visitar de vez en cuando la reunión celular del líder que entrena. Estas visitas le brindarán una comprensión más acabada de su líder que no podría descubrir en una conversación telefónica o en una visita personal. Los líderes pueden decirle que están aplicando los principios pero hasta que usted no visita la reunión no puede verlo en la práctica y hasta descubrir algo diferente.

¡Pruébalo!

- Lea Hechos 15:36.
- ¿Qué le propuso Pablo a Bernabé?

_____

_____

_____

- ¿Por qué cree que es importante visitar los grupos celulares?

_____

_____

_____

_____

_____

_____

Un entrenador, por ejemplo, puede haber enseñado al líder cómo escuchar, pero luego descubrir en la visita al grupo celular que él es el único que habla. Un líder celular puede haber recibido entrenamiento cómo mantenerse concentrado en la lección, pero al visitarlo descubre que se divaga en diferentes temas. Muchos detalles del ministerio celular saldrán a la luz solamente cuando el entrenador visite el grupo celular (i.e., comenzar y finalizar a tiempo, arreglo de las sillas, actividades con los niños en las células).

Trate de visitar tanto como pueda, de ser posible una vez por trimestre. Las visitas más frecuentes son especialmente útiles cuando se está comenzando con la célula. En ese tiempo inicial el líder necesita de toda la ayuda y aliento posible. Su presencia positiva puede ser un gran aliento para todos en el grupo.

¡Pruébalo!

- ¿Planear es algo natural para usted? ¿Por qué?

_____

_____

_____

_____

_____

_____

Advierta a su líder que le estará visitándole. Al hablar con el líder trate de obtener la mayor cantidad de detalles posibles acerca de la célula (i.e., horario de reuniones, lugar de reuniones, cuantos asisten, etc.).

Ore por su líder celular antes de ir. Pida al Espíritu Santo que bendiga al grupo y al líder, y que le dé sabiduría al contribuir durante la reunión del grupo celular.

Arribe al grupo celular antes que los demás para tener unos minutes con el líder antes de la reunión afirmándole en oración.

El principal objetivo del entrenador durante la reunión es ser de aliento. Afirme y apoyo a líder celular frente a su grupo. Bill Donahue afirma:

Los entrenadores que visitan los grupos pequeños de sus líderes muchas veces se sienten como si estuvieran en una fiesta a la que no hubiera sido invitado. Todos se preguntan: "¿Quién eres y qué haces aquí? ¿Te conocemos?" El aliento es el mejor antídoto contra la incomodidad del grupo. Los entrenadores visitan grupos para evaluar y observar, pero esas visitas son más poderosas cuando el entrenador va como un maníaco por alentar a los demás. Al saludar cálidamente a los miembros cuando van llegando, alentándoles, afirmando al líder frente al grupo y orando por el líder antes y luego del grupo va a elevar el nivel de confort.[1]

¡Hágalo!
Escriba en su calendario cuándo se encontrará y llamará al líder.

Cuando visite la célula trate de mezclarse con el grupo lo más que pueda. Si no participa, los miembros del grupo lo verán como alguien que solo viene a tomar notas. Si el entrenador solamente observa todos se sentirán incómodos. El entrenador debiera mostrar los mismos principios celulares que el grupo debiera implementar. He descubierto que cuando alguien comparte con autenticidad las personas se sienten más cómodas. La transparencia es una parte realmente importante de las reuniones celulares y el entrenador puede demostrarlo al compartir personalmente.

Participación no quiere decir señorío. Asegúrese de no dominar la célula. Si nota que las personas comienzan a esperar su respuesta, trate de mirar hacia otro lado y espere que otro participe.

¡Pruébalo!
- ¿Era la atmósfera conducente a una buena reunión?
- ¿Comenzó y terminó a tiempo la reunión?
- ¿Se mantuvo el líder en el tema?
- ¿Mantuvo el líder control sin llegar a ser despótico?
- ¿Fueron efectivas las preguntas?
- ¿El líder escuchaba las respuestas?
- ¿Cómo se relacionaban entre sí los miembros del grupo?
- ¿Tuvieron todos una oportunidad para compartir?
- ¿Cómo respondió el líder a los desafíos?
- ¿Qué produjo cambios en la vida?
- ¿Tiene el grupo una estrategia multiplicadora?
- ¿Se vio la importancia de la oración?
- ¿De qué manera se vio a Dios en acción en el grupo?

---

1 Bill Donahue, "Building a Great Coaching System," artículo que aparece en ingles en Small Group Network, http://www.smallgroups.com

Luego de la reunión, inmediatamente o en una reunión personal en un día muy próximo, repase sus observaciones con el líder. Por cada sugerencia de mejora trate de ofrecer cinco comentarios sinceros de aliento.

Sea flexible en sus planes

Esta lección enfatiza la importancia de planificar, pero no se bloquee en un solo plan de acción. Se cuenta la historia de un oficial de la marina que anhelaba ser el comandante de un buque de combate. Finalmente pudo realizar su sueño y se le comisión a la más nueva y flamante nave de la flota. En una noche tormentosa, mientras el buque navegaba por aguas turbulentas, el capitán se encontraba en servicio en la sala de mando cuando repentinamente vio una luz extraña aproximándose peligrosamente a su nave. Inmediatamente ordenó al marinero de señales que enviase el mensaje diciendo: "altere su curso diez grados al sur." Un breve momento pasó y la respuesta vino: "Altere su curso diez grados al norte." Determinado a no amedrentarse por nadie, el capitán ordenó bruscamente: "Altere el curso diez grados, ¡yo soy el CAPITAN!" La respuesta no tardó: "Altere el curso diez grados, soy el marinero de tercera clase Jones." Ya furioso, el capitán tomó la lámpara de señales en sus propias manos y disparó: "Altere su curso, somos un buque de combate." La respuesta vino sin demora. "Altere su curso, soy el faro de la costa." Sin importar cuán importante se crea, la Palabra de Dios es un faro inmutable. Todos los otros cursos deben ser alterados para acomodarse a Su dirección.

¡Memorízalo!
"Los planes bien pensados: ¡pura ganancia! Los planes apresurados: ¡puro fracaso!"
(Proverbios 21:5 NVI).

¡Recuérdalo!

¿Cuál fue la principal enseñanza de esta lección para Ud.?

_____

_____

_____

_____

_____

_____

_____

Puntos centrales:

1. Los entrenadores deben orar diariamente por sus líderes.
2. Los entrenadores debe tanto llamar como reunirse con sus líderes una vez al mes.
3. Los entrenadores deben visitar ocasionalmente a los grupos celulares.

¡Practícalo!

1. Planee orar diariamente por sus líderes.
2. Planee contactos personales regulares con cada uno de sus líderes.
3. Planee sus preguntas para sus sesiones de entrenamiento y escriba lo que aprende luego que se hayan reunido.
4. Planee visitar ocasionalmente a los grupos celulares.

Notas del Capítulo

Notas del Capítulo

Escuche

Ha tenido la experiencia de tener algo en su corazón que ansiaba compartir con alguien que le prestare atención? Puede ser que haya sido un asunto personal, algo en relación con su esposa, sus padres, o su trabajo. Comienza contándole su historia y pronto él le interrumpe con la de él antes de que usted pudiera terminar de compartir lo suyo. En su interior Ud. se dice: "Oye, yo soy el que necesitaba hablar, solamente necesitaba que me escuchases." Pero, por el contrario, ahora tiene que esperar pacientemente mientras él le comparte su historia antigua, mientras Ud. tiene problemas presentes en su mente.

Busque convertirse en un gran escucha

Stephen Covey dio en el clavo cuando dijo: "Muchas personas no escuchan para entender, oyen solo para responder. Mientras la otra persona está hablando, ellos están preparando su respuesta."[1]

Aunque muchos tengan la costumbre de estar preparándose para responder en vez de escuchar, usted como entrenador tiene que ser diferente. Un oído que presta atención es su principal instrumento ministerial, debe ajustar el dial a la historia del líder lo máximo posible.

En un sentido la tarea del entrenador es simple. No es una actividad complicada y teórica que demanda años de estudio. Lo que ciertamente demanda es que se concentre en el otro antes que

---

1. Stephen Covey, *The 7 Habits of Highly Effective People*, New York: Simon and Schuster, 1989, p. 239.

en usted mismo. La mejor manera de hacerlo es por medio de prestar atención al escuchar.

El entrenamiento puede ser simple, pero no es fácil. Me he dado cuenta que tengo que realmente esforzarme para concentrar mi mente en aquellos que entreno. Demanda esfuerzo orar, tomar notas de la última reunión y elaborar preguntas creativas.

Algunas veces al estar escuchando no siento estar trabajando duramente. Naturalmente compare trabajar duramente con enseñar o dar una conferencia. Sin embargo, el prestar atención l escuchar requiere aún más esfuerzo.

¡Pruébalo!

- Lea Santiago 1:19.
- ¿A qué se refiere Santiago en cuanto a escuchar?

_____

_____

_____

- En una escala de 1 a 10 (siendo 10 un atento escucha), ¿cómo califica su habilidad para escuchar? Explique por qué.

_____

_____

_____

_____

_____

_____

Alguien dijo que cuando uno tiene quince años está preocupado por lo que los demás piensen de sí. A los cuarenta y cinco realmente no le importa lo que los demás piensen de uno. Pero cuando tiene sesenta y cinco se da cuenta que en realidad ¡nadie estuvo pensando en usted! La verdad es que todos pasamos la mayor parte del tiempo pensando acerca de nosotros mismos.

Ser entrenador es diferente. Al entrenar usted dirige su atención a las necesidades y la vida de su líder. La habilidad del entrenador radica en detenerse y realmente prestar atención a lo que el líder está diciendo. Escuchar es desconectar todo lo que haga ruido alrededor suyo para poder verdaderamente escuchar a su líder.

¡Pruébalo!

- Lea Proverbios 19:20.
- ¿Qué dice este pasaje acerca de obtener sabiduría?

_____

_____

_____

- ¿De qué manera práctica puede mejorar sus habilidades para escuchar atentamente?

_____

_____

_____

_____

_____

Sea un oyente que presta atención

La palabra escuchar aparece 352 veces en la Biblia y la palabra oír se halla 379 veces. Jesús dijo por ejemplo: "Por lo tanto, pongan mucha atención." (Lucas 8:18). Vea la dedicación y esfuerzo que acompaña al escuchar, necesitamos "poner mucha atención."

Una de las razones por que es tan importante poner mucha atención es que los seres humanos pensamos entre cuatro y cinco veces más rápidamente de lo que hablamos. Esto quiere decir que si una persona habla a 120 palabras por minuto, el que escucha piensa en el mismo tiempo alrededor de 500 palabras. Por lo tanto debe forzarse a prestar atención para concentrarse en cada palabra. Aunque escuchar es una tarea difícil, es una tarea importante.

Cuando enseño normalmente dedico un tiempo a preguntas y respuestas. Me acuerdo de cierta ocasión mientras enseñaba un seminario algunos años atrás una persona me hizo una pregunta que respondí rápidamente, sin embargo mi respuesta no se relacionaba con su pregunta. Durante el tiempo intermedio, mi esposa me record que necesitaba escuchar la pregunta antes de responder. Sus palabras quedaron grabadas en mí. Ahora cuando alguien me hace una pregunta trato realmente de concentrarme.

Lo mismo es verdad al entrenar a un líder. Necesita concentrarse plenamente, lo que implica seguir la línea de pensamiento de la persona. ¿Puede repetir exactamente lo que la persona ha dicho? Y no me refiero a generalizaciones, sino exactamente a las palabras de la persona. Escuchar demanda mucha energía. Demanda atención total.

¡Pruébalo!

- Lea Proverbios 18:13.
- ¿Qué hace el necio?

_____

_____

_____

_____

- ¿Qué puede hacer para no responder rápidamente sin haber escuchado?

_____

_____

_____

_____

_____

_____

Los escuchas eficientes se hacen, no nacen. Estoy seguro que algunas personas son mejores escuchas que otros, pero aún quienes lo fueran necesitan poner esfuerzo al hacerlo. Y si usted es como la mayoría, entonces necesita aún esforzarse más. Muchos estamos naturalmente acostumbrados a escuchar nuestras propias voces. Nos gusta oír lo que queremos decir y no estamos tan interesados en lo que los demás quieran decir.

Preste atención a las palabras no habladas

Me resulta difícil ocultarle a mi esposa mis sentimientos, me conoce demasiado bien. Puede rápidamente darse cuenta si he tenido un día malo, si me he sentido ofendido, o si estoy lleno de gozo. No necesito abrir mi boca. Ella conoce mi comunicación no verbal muy bien después de diecinueve años de matrimonio. Muchas veces las palabras no habladas son más importantes que las expresadas. Pero para poder escucharlas necesita leer entre líneas. Los expertos varían en estimar cuánto es comunicación no verbal, pero estiman entre 60% a 90% de lo que se comunica. Están de acuerdo en una cosa: la mayor parte de la comunicación es no verbal. Preste mucha atención al lenguaje de la posición del cuerpo y a las inflexiones en la voz. ¿Cuáles son los sentimientos detrás de las palabras?

¡Hágalo!
Planee escuchar con nueva sensibilidad la comunicación no verbal del líder.

Mantenga un contacto visual claro

Si está presente personalmente con la persona que está entrenando, es muy útil que mantenga un contacto visual con los ojos de la persona. Al mirar a la persona a los ojos no solamente muestra que está prestando atención sino que además demuestra que se preocupa y le importa. El mirar a la persona a los ojos muestra que valoriza y da importancia al otro.

¡Pruébalo!

- ¿Le resulta natural mirar a los ojos o debe esforzarse en hacerlo? Explique su respuesta.

_____

_____

_____

_____

_____

_____

_____

_____

Ciertamente hay una tenue diferencia entre mirar a alguien a los ojos y fijarse con curiosidad. La mirada fija curiosa molesta a las personas y no es útil para los propósitos del entrenador. Apartar su mirada brevemente evita dar la impresión de que se está fijando curiosamente en la otra persona mientras se concentra en los detalles de la conversación.

Mirar a la otra persona a los ojos puede ayudarle a concentrarse. Hace que sus pensamientos se enfoquen en la otra persona. Le permite prestar atención a las necesidades de su líder sin distraerse.

¡Memorízalo!
"Atiende al consejo y acepta la corrección, y llegarás a ser sabio." (Proverbios 19:20).

¡Recuérdalo!

¿Qué pasaje de las Escrituras en esta lección le llamó más la atención?

_____

_____

_____

_____

_____

_____

_____

Puntos centrales:

1. Prestar atención es fundamental en un entrenamiento efectivo.
2. Prestar atención a la comunicación no verbal y a los gestos es tan importante como el escuchar a lo dicho oralmente.
3. El mirar a la persona a los ojos ayuda a la concentración.

¡Practícalo!

1. Asegúrese de prestar atención intencionalmente a cada palabra de su líder.
2. Concéntrese en la comunicación no verbal tanto como en la oral.
3. Al encontrarse con el líder, mírele a los ojos sin fijar sus ojos intensamente.

Notas del Capítulo

Notas del Capítulo

Sirva

La madre de dos de los discípulos de Jesús consideraba una recompense lucrativa celestial para sus hijos como resultado de su tiempo con Jesús. Trató de consolidar un compromiso de promoción para sus hijos en el reino, de manera que se acercó a Jesús y le pidió desvergonzadamente que sus hijos pudiesen sentarse uno a la derecha y el otro a la izquierda de Jesús en el reino venidero. Jesús la escuchó misericordiosamente y le respondió dirigiéndose a todos sus discípulos diciendo:

"—Como ustedes saben, los gobernantes de las naciones oprimen a los súbditos, y los altos oficiales abusan de su autoridad. Pero entre ustedes no debe ser así. Al contrario, el que quiera hacerse grande entre ustedes deberá ser su servidor, y el que quiera ser el primero deberá ser esclavo de los demás; así como el Hijo del hombre no vino para que le sirvan, sino para servir y para dar su vida en rescate por muchos." (Mateo 20:25–28).

Estoy seguro que las palabras de Jesús les cayeron como una roca. La grandeza y la servidumbre parecen ser contradictorias y puedo imaginarme a los discípulos asintiendo con las cabezas pero rebelándose en sus corazones.

Lo cierto es que la mayoría de nosotros lucha con la idea de servir a otros como el paso necesario para la grandeza. Tomamos a la grandeza como éxito y reconocimiento, pero Jesús define a la grandeza como servicio.

Un entrenamiento exitoso se concentra en servir al líder en todas formas posibles.

¡Pruébalo!

- Lea Filipenses 2: 3-11.
- ¿Cuál fue la actitud de Cristo?

_____

_____

_____

- ¿De qué maneras prácticas puede aplicar el ejemplo de Cristo en su entrenamiento?

_____

_____

_____

_____

Seres humanos—No máquinas

Cuando los líderes de grupos comienzan su célula, generalmente sienten la presión de producir. Desean tener grupos excelentes que crezcan y se multipliquen. Y pueden sentir la presión de otros líderes por producir. Todos hemos sentido esas presiones. Pero debemos recordar sin embargo que el fruto no se produce mecánicamente. Fluye de la sabia de la vid y toma tiempo. Es un proceso.

Me recuerdo de cierto entrenador que trató a sus líderes como máquinas. Si no producían frutos en cierto tiempo, los degradaba. Y si estos se recuperaban y volvían a dar frutos, los volvía a poner como líderes dentro del grupo de entrenamiento. Este entrenador hablaba con orgullo cómo sus líderes rotaban constantemente dentro y fuera de su grupo de líderes en entrenamiento basado en sus resultados.

Pero el líder que está entrenando necesita saber que a usted le importa su vida como persona más allá de lo que haga o deje de hacer. El viejo adagio resulta verdad: a las personas no les importa cuánto sabe, hasta que saben cuánto a Ud. les importa. Por supuesto que desea que su líder lleve fruto. Jesús también. Juan 15:8 dice: "Mi Padre es glorificado cuando ustedes dan mucho fruto y muestran así que son mis discípulos." Pero primero debe nutrir y cultivar su relación con su líder, como las viñas necesita cuidado y preparación del suelo antes de producir buenas uvas. Pida al Espíritu Santo que le ayude a edificar a su líder en madurez.

¡Pruébalo!

- En una escala de 1 a 10, se considera usted más centrado en las relaciones o centrado en las tareas (10 implica centrado en las tareas)

_____

_____

- ¿Qué puede hacer prácticamente para que su líder se sienta importante?

_____

_____

_____

_____

Sea un amigo

Uno de los líderes que estoy entrenando me pidió que le acompañase a hacer algunas compras. Había llegado a su casa con la idea de sentarme con él y conversar. Pero me pidió que fuera consigo para comprar zapatos y luego ir al banco. Pasé un gran tiempo compartiendo consigo en el ámbito natural de su vida. Terminamos cerca de McDonalds, y le invite a comer. Mientras comíamos no solamente le escuché sino que además tuve la oportunidad de desafiarle en un área particular. La clave a lo largo de todo el tiempo fue amistad.

Muchas veces verá que la mejor manera de entrenar se da al pasar tiempo con el líder. Dispóngase a acompañar a su líder a alguna tienda, a sacar el perro a caminar, o a pasar un día junto al líder y sus niños en un paseo. Tendrá momentos claves para aplicar la Palabra de Dios en un ambiente más natural. Ser un amigo de su líder puede significar un cambio en sus planes para concentrarse en las necesidades del líder.

La amistad es el ambiente donde Jesús opera. Nos guía como amigos. Jesús nos llama sus amigos en Juan 15:13–15: "Nadie tiene amor más grande que el dar la vida por sus amigos. Ustedes son mis amigos si hacen lo que yo les mando. Ya no los llamo siervos, porque el siervo no está al tanto de lo que hace su amo; los he llamado amigos, porque todo lo que a mi Padre le oí decir se lo he dado a conocer a ustedes." La amistad caracteriza mejor la tarea del entrenador.

Nunca me olvidaré del entrenador con quien me encontré en Australia quien daba crédito a su efectividad al hecho de que pasaba tiempo con sus líderes. Los conocía bien. Era su amigo. Luego de haber entrenado muchos líderes a lo largo de los años puedo dar testimonio de que es verdad. La autoridad relacional es el tipo de autoridad más importante que se puede ejercer.

La mayor parte de un entrenamiento efectivo involucra el intimar suficientemente con la persona como para poder conocer lo que realmente acontece en su interior. El entrenamiento es personal. El entrenamiento no es un código de reglamentos y regulaciones. Jesús llegó a conocer a sus discípulos en el diario trajinar de la vida. Los entrenó en medio de las presiones diarias y los moldeó en el proceso.

Servir alentando

Todos tenemos la tendencia a concentrarnos en el síndrome de lo que debemos ser y hacer. La cultura en la que vivimos dicta que las personas deben constantemente obtener resultados, estar en movimiento y ascendiendo. Aunque la persona haya obtenido muchos resultados el espíritu competitivo le dice que no es suficiente. En un ambiente así es muy fácil caer en el desánimo.

¡Pruébalo!

* Lea Juan 15:13-15.
* ¿Cómo llama Jesús a sus discípulos?

_____

_____

* ¿De qué maneras práctica puede hacerse de amigo con quienes entrena?

_____

_____

_____

_____

And even when a person has succeeded outwardly, most likely that Y aunque la persona esté teniendo éxito exteriormente, muy posiblemente en su interior no se sienta satisfecho. Muchas personas se sienten como si estuvieran en el lugar equivocado. Los sentimientos de culpa autogenerados y la depresión nos persiguen a todos nosotros, aún a sus líderes de células. Posiblemente el líder que está entrenando ha visto integrarse nuevas personas a su grupo celular y hasta esté levantando un nuevo líder. Usted puede suponer que está gozoso con su experiencia y que no necesita mucho aliento. Sin embargo existe una gran posibilidad que el líder sienta que tres nuevas personas debieran haberse añadido al grupo, no sólo una, y que el grupo debiera haberse multiplicado mucho tiempo antes.

En el entrenamiento siempre existe la necesidad de un aliento positivo. Su líder le agradecerá y tomará todo lo que le dé. Los líderes de células dan de su tiempo voluntario para server a otros. No reciben un pago por hacer lo que hacen. Muchos se sienten cansados y están listos para dares por vencidos. Rápidamente pueden decirse a sí mismos: "He dado mi tiempo. Ahora me voy a involucrar en algo que no me demande tanto, esto es demasiado." Su capacidad de alentarles como entrenador puede cambiar esa actitud.

¡Hágalo!
Piense en palabras específicas de aliento para uno de sus líderes y luego expréselas.

El aliento trae una sensación de esperanza y gozo en medio de una situación tenebrosa. Puede calmar las tormentas en las vidas de las personas, rescatarlas del viento y la lluvia y aún renovar la esperanza para un mañana brillante. En 1 Tesalonicenses 5:12 leemos: "...sean considerados con los que trabajan arduamente entre ustedes...." La palabra griega significa literalmente percibir o conocer a quienes trabajan. Reconocimiento quiere decir comprender la obra diligente de sus líderes celulares, dando crédito donde merece crédito. El propósito del reconocimiento es honrar y afirmar el ministerio de los líderes.

¡Pruébalo!

- Lea Hebreos 3:12-13.
- ¿Qué nos dice el escritor de Hebreos que debemos hacer?

_____

_____

_____

- Piense en algún momento cuando se sintió desalentado. ¿Puede recordad alguien que Dios usó para alentarle?

_____

_____

_____

_____

_____

_____

Algunas personas piensan que se debe alentar solamente ocasionalmente. Creen que las personas puedan enorgullecerse si son afirmados demasiado. Ciertamente esto no es de ninguna manera verdad. Todos necesitamos afirmación. Todos necesitamos que se nos dé una mano. Nuestra condición humana es tan frágil que que necesitamos ser alentados para avanzar.

¡Pruébalo!

- ¿Qué le alienta más?
  - ☐ un acto de servicio que le hace sentir especial
  - ☐ un regalo
  - ☐ palabras de aliento
  - ☐ afecto manifestado en maneras físicas y tangibles
  - ☐ pasar tiempo con alguien
  - ☐ otro

Le sugiero que encuentre al menos una palabra de aliento que compartir con su lider para su próximo encuentro. Podrá necesitar repasar sus notas para pensar qué va a decir, pero le aseguro que su líder se lo va a agradecer.

Al alentar a su líder usted mismo se sentirá alentado. Proverbios 11:25 dice: "El que es generoso prospera; el que reanima será reanimado." La generosidad da a luz generosidad. Muchas veces la tarea del entrenador es simplemente ayudar al líder a no dares por vencido. El entrenador simplemente insta al líder a continuar hasta el fin. Gálatas 6:9 dice: "No nos cansemos de hacer el bien, porque a su debido tiempo cosecharemos si no nos damos por vencidos."

Sé un instrumento de aliento hoy. Elige bendecir al líder con palabras que lo edifiquen y den fortaleza para continuar en la batalla. Recuerda: el aliento es tan importante para las personas como el fertilizante para las plantas.

¡Pruébalo!

- Lee Romanos 15:1-3.
- ¿Cómo trató Jesús a los débiles?

_____

_____

_____

- ¿Cómo puede alentar a su líder cuando esté enfrentando luchas?

_____

_____

_____

_____

_____

Ajustando su servicio

He observado a algunos entrenadores a lo largo del tiempo que toman su posición como figuras de autoridad. Sienten como si hubieran arribado a un puesto para dar órdenes y decir a sus líderes lo que deben hacer. Los he visto caer en la mentalidad de "debes someterte." Tales conductas controladoras ponen a los líderes bajo opresión en lugar de liberarlos para servir.

¿Cómo puede saber si está siendo un entrenador efectivo? La única manera es evaluando si ha satisfecho las necesidades de su líder luego de haberle entrenado. ¿Está sirviendo al líder y ayudándole a crecer como persona? Creo que la única manera de saberlo verdaderamente es obtener las reacciones de quienes entrena. ¿Se siente el líder satisfecho con su entrenamiento? Si es afirmativo, entonces tiene luz verde. Está en la senda correcta. Sin embargo, si en unos meses más, el líder no satisface sus necesidades, deberá hacer cambios radicales. ¿Cómo se enterará? Preguntándole y obteniendo sus reacciones. Sus líderes son su mejor recurso para determinar si realmente les está sirviendo y satisfaciendo sus necesidades. Sus reacciones le ayudarán a moldear su estilo de entrenamiento.

¡Pruébalo!

- Lea Mateo 20:25-28.
- ¿De qué manera los discípulos de Cristo debían diferenciarse del mundo?

_____

_____

_____

- Comparta sus ideas de cómo puede server a quienes está entrenando o va a entrenar.

_____

_____

_____

A todos los líderes que entreno les pido que me den una evaluación oral. Por cierto, comienzo mi proceso de entrenamiento diciéndoles que les pediré que evalúen mi entrenamiento. Todos los consejos me ayudan a ser un mejor entrenador, aunque compartan algo que no me guste escuchar. Quiero saber si voy en la dirección correcta, por lo tanto prefiero el consejo al silencio, aun cuando sea conocer que algo que estoy haciendo no es correcto.

Escuchar y tener un espíritu abierto para aprender y mejorar son cualidades críticas para ser un buen entrenador. Los mejores entrenadores han aprendido de sus experiencias y han hecho correcciones a mitad del proceso.

¡Memorícelo!

"Porque ni aun el Hijo del hombre vino para que le sirvan, sino para servir y para dar su vida en rescate por muchos." (Marcos 10:45).

¡Recuérdalo!

¿De qué manera Dios le habló por medio de esta lección?

_____

_____

_____

_____

_____

_____

_____

_____

_____

_____

_____

_____

Puntos Principales:

1. El cuidado y preocupación pastoral por otros deben precede las expectativas y el rendimiento.
2. La amistad con el líder es una importante manera de iniciar un entrenamiento efectivo.
3. Nunca es demasiado aliento para el líder. Siempre hay lugar para más.

¡Practícalo!

1. Pídale a Dios que le ayude a modelar la actitud de siervo de Cristo.
2. Planee un tiempo con su líder que sea dedicado solamente a edificar la amistad.
3. Prepare palabras de aliento y compártalas con el líder que entrena

Notas del Capítulo

Notas del Capítulo

Desarrolle

John, un líder que estuve entrenando, luchaba con depresión y dudas. Por momentos su razón luchaba por ganar su simple fe en Cristo. Aun así John era un excelente líder de célula. Amaba a Dios y sabía cómo guiar la discusión del grupo habilidosamente. Pero sus dudas muchas veces le asaltaban y robaban su efectividad. Como su entrenador, pasé mucho tiempo recordándole a John acerca del amor y la gracia de Dios. Realmente no necesitaba mucho desarrollo en cómo liderar un grupo celular, pero necesitaba ser liberado de depresión y dudas. Necesitaba ayudarle a superar sus problemas personales para que llegara a ser un mejor líder celular.

La palabra desarrolla implica cambio y crecimiento. Habla de progreso—de un estado de inmadurez a madurez. En esta vida todos estamos en un período de desarrollo. De este lado del cielo no existe la perfección. Como alguien describiera con precisión: "Por favor, sea paciente conmigo, Dios no acabó conmigo todavía." Los grandes entrenadores ayudan a sus líderes a desarrollarse tanto como persona como líderes.

Sea una fuente de recursos

El desarrollo y la capacitación son dos cosas diferentes. La capacitación es un proceso de corto tiempo para preparar a una persona para una tarea particular. El desarrollo es un proceso de toda la vida ayudando a una persona a madurar y crecer. Una manera importante para desarrollar su líder es proveerle recursos. Un entrenador desarrolla su líder al ayudarle a desarrollarse a sí mismo.

Al proveer recursos se desea que el líder tenga a mano todos los materiales que necesite para tener éxito. Se lo mantiene al tanto de novedades acerca del trabajo celular y de nuevas estrategias. Tal vez ha notado alguna carencia en particular en la vida del líder. Use ese momento dado por Dios para ser la herramienta para el desarrollo de su líder proveyéndole recursos apropiados. Puede ser que haya participado de su grupo celular y lo haya observado dominando la conversación. Primero comparta sus observaciones con el líder y luego provéale de excelentes recursos que hablen acerca de cómo escuchar sabiamente.

¡Pruébalo!

- Lea Hechos 20:20.
- ¿Cuánto compartió Pablo en Éfeso?

_____

_____

_____

- ¿Cómo puede aplicar prácticamente el principio de este versículo entrenando líderes bajo su cuidado?

_____

_____

_____

_____

_____

_____

_____

Descubra lo que su líder necesita

Al conocer a su líder aprende a detectar síntomas en las áreas que necesitan atención especial. Algunos indicadores que el entrenador debiera observar son:

Desaliento
Posiblemente el líder esté simplemente desalentado al punto de abandonar todo. Su trabajo cono entrenador es ofrecerle la medicina del aliento (vea lección cinco acerca del aliento).

Falta de conocimiento

Algunas veces el líder carece de conocimiento o información de un área en particular. Puede suceder que no sepa cómo formular preguntas para atraer la atención de los oyentes. Esta es su oportunidad para proveer recursos necesarios. Tal vez conozca de un libro que ayude al líder a prepararse para hacer preguntas. Puede enviar por correo electrónico algún artículo o recomendar al líder un sitio de internet que pueda serle de ayuda.

Dificultades personales

Al escuchar puede determinar si el líder está luchando con problemas personas que necesitan ser resueltos. Pueden involucrar tanto asuntos familiares como luchas laborales.

El pecado deja marcas en todos nosotros. Los errores del pasado pueden haber sido perdonados pero dejan una marca en nuestras almas. Los buenos entrenadores escuchan a sus líderes, y de ser necesario, los refieren a personas que puedan ayudarles.

Pecado oculto

Muchas veces el pecado pasa desapercibido. Los problemas debajo de la superficie afloran tarde o temprano. Muchas iglesias recomiendan retiros espirituales, un lugar donde el líder pueda tratar con ataduras tales como la falta de perdón, la adicción a la pornografía o cualquier otra adicción.

Muchas veces es el entrenador quien observa primero las conductas inusuales en el líder. Al hacerle preguntas acerca de su vida personal podrá notar si hay resistencia o evitación para responder. Si detecta algo, póngalo en oración. Finalmente deberá hacerle preguntas personales al líder. Si el tema lo sobrepasa, consulte con su entrenador.

Espíritu de Absalón

Absalón fue el hijo rebelde de David quien trató de usurpar el reino. Los buenos entrenadores observan cuidadosamente por aquellos que quieren subvertir a la iglesia de Cristo en vez de tratar de ayudarla. Si nota que el líder habla constantemente en contra del pastor u otros en la iglesia, la solución es hablar la verdad en amor (Efesios 4: 12). Tal vez necesite recordar a esa persona que necesita ir directamente y hablar con las personas en vez de murmurar en sus espaldas. Jesús enseñó a sus discípulos este principio en Mateo 18:15: "Si tu hermano peca contra ti, ve a solas con él y hazle ver su falta. Si te hace caso, has ganado a tu hermano." Si esto no ayuda, entonces debe hablar con su entrenador.

Dificultades con miembros del grupo celular

Posiblemente el líder esté luchando con miembros revoltosos o miembros que quieren transformar la célula en una sesión de consejería. El entrenador puede ofrecer sugerencias saludables basadas en su experiencia. Recuerde que no tiene nada de malo decir: "No lo sé, pero voy a hablar con mi pastor/entrenador y voy a regresar con una respuesta."

¡Pruébalo!

- Lee Proverbios 28:13.
- ¿Cuál es el camino para prosperar de acuerdo al escritor de Proverbios?

_____

_____

_____

- ¿Hay algún pecado en su propia vida que necesita confesar? De ser así, hágalo inmediatamente (se volverá un mejor entrenador como resultado).

_____

_____

_____

Un buen lugar para comenzar es la Internet

Arribé a Connecticut un día antes de comenzar un seminario. Me encontré con pastores del equipo de liderazgo y uno de ellos era un nuevo pastor proveniente de un banco que nunca había cursado en un seminario. Me gustaba su perspectiva fresca y nueva de la vida de la iglesia y una de las frases no dejaba de repetir era: "Puedes encontrar de todo en la Internet." Tuvimos un tiempo extra, de manera que le pregunté si podíamos ir a comprar una pila para mi reloj que había dejado de funcionar. No sabía el número exacto para la pila y en el negocio nadie sabía tampoco. Entonces este pastor llamó a un amigo quien consultó en la Internet y pudimos encontrar la pila exacta para el reloj en unos breves minutos. Se puede hallar casi todo en la Internet, y eso se aplica para materiales de grupos celulares también.

Mi propio sitio en la Internet: www.joelcomiskeygroup.com está lleno de materiales gratuitos que puede ser usado por el líder al que está entrenando, puede ser un enlace electrónico que su líder puede investigar en cualquier momento. Los líderes leerán un artículo antes de leer del tema en profundidad. Nuestra mente actúa muchas veces como un explorador de archivos que toma la información necesaria en el momento necesario.

Hay muchos otros sitios con abundantes recursos para líderes. Por ejemplo www.smallgroups.com y www. touchusa.org en inglés.

Libros y artículos

No necesita ser un experto en el ministerio de grupos pequeños. Pero necesita saber dónde sus líderes pueden obtener libros que le provean el conocimiento necesario.

Con frecuencia recomiendo libros a los líderes que estoy entrenando. Normalmente le envío un enlace electrónico donde el líder puede hallar un libro en la Internet. Deseo que el líder tenga toda la información bibliográfica necesaria antes de que compre el libro.

Dos libros en inglés populares para líderes de grupos son Dave Earley's Eight Habits of Successful Cell Leaders y mi nuevo libro How to Lead a Great Cell Group So People and to Come Back, en español: *Cómo Dirigir un Grupo Celular con Éxito: Para que la Gente desee Regresar.* [1]

Seminarios

Algunos líderes aprenden mejor en el ambiente de un seminario de entrenamiento. Les gusta escuchar al orador hablar e interactuar con la audiencia. Los seminarios de entrenamiento para ministerios de grupos proveen necesaria información y estímulo. Algunos líderes

---

1 Muchos recursos en español pueden ser halados en http://store.joelcomis-keygroup.com/spbobyjoco.html, asimismo se puede ver resýmenes de libros en español en http://www.joelcomiskeygroup.com/spanish/articles/bookReviews/BookReviews.htm.

simplemente carecen del conocimiento de elementos particulares del ministerio de células. Los seminarios pueden compensar esa carencia. Sin embargo los seminarios no deben ser nunca un fin en sí mismo ya que es demasiado fácil salir del seminario y no poner en práctica lo aprendido. El entrenamiento requiere una conexión entre conocimiento e implementación. Los seminarios son tiempos breves de capacitación, mientras que el entrenamiento es un proceso largo.

¡Pruébalo!

- ¿Qué tipo de recurso le ha ayudado más? (i.e., libros, seminarios, etc.)

_____

_____

_____

_____

_____

_____

Recursos espontáneos

Jesús simplemente no les instruyó a orar. Más bien, les pidió que le acompañaran a orar. Les permitió verle orando. Cuando los discípulos finalmente le preguntaron qué estaba haciendo, tomó la oportunidad para enseñarles acerca de la oración (Lucas 11:1–4). Lo mismo con el evangelismo. Jesús evangelizaba a las personas frente a sus discípulos y lo les instruía. Tomaba ventaja de las situaciones de la vida real para explicar cuidadosamente temas doctrinales complejos (i.e., el joven rico de Mateo 19:23).

Mayormente los mejores tiempos para entrenamiento son aquellos que ocurren espontáneamente, cuando menos lo esperamos. Puede suceder que esté hablando con su líder sobre algo no relacionado cuando, sin esperarlo, le comparte una lucha interior personal. La mejor manera de apoyar al líder es escucharle atentamente y orar por él. La vida provee muchos de estos momentos en los cuales podrá brindarle una palabra de consejo que sea exacta para la necesidad en el momento exacto.

¡Pruébalo!

- Haga una lista de las áreas en las que sus líderes estén luchando.

_____

_____

_____

- ¿Cómo puede ayudar al líder a aprender a rescatar buenos principios de sus propias dificultades?

_____

_____

_____

_____

_____

Repase sus jugadas

El conocimiento es fácil de aprehender. Pero el ponerlo en práctica no lo es. Muchos buscan información, pero Dios se preocupa con la transformación de las personas de adentro hacia afuera.

Muchas veces los líderes asentirán y estarán de total acuerdo con el curso de acción necesario. El problema es que estos mismos líderes asienten demasiado durante el curso del día, semana, mes y año. Pero pronto se olvidan de aquello que habían consentido hacer. Su tarea, entrenador, es ayudar al líder a realmente ponerlo en práctica. Su tarea es ayudarle a cumplir con lo que se han comprometido. Repase las jugadas. Todo entrenador deportivo exitoso le dirá que la clave es la práctica, repasar las mismas jugadas una y otra vez. Se trata de practicar las mismas cosas hasta que la práctica se vuelve un estilo de vida. Persista en elaborar aquellas áreas de la vida del líder que necesita ayuda. No deje de compartir con el líder acerca de las habilidades para escuchar, la necesidad de contactar a los miembros de la célula o de mantener un tiempo devocional diario.

¡Pruébalo!

- Lea Gálatas 6:9. ¿Qué le ocurre al que persiste a pesar del cansancio y el desaliento?

_____

_____

_____

_____

- ¿En qué áreas de su vida necesita ser persistente?

_____

_____

_____

_____

_____

_____

Ayude a su líder a ver su liderazgo del grupo celular en una manera fresca y nueva. Recuerde que los cambios son procesos lentos. Toma mucho tiempo para ver cambios significantes en la vida de una persona. Sea paciente. Permita que las personas tomen su tiempo para procesar las ideas. Usted también necesita tiempo. No espere que las personas cambien inmediatamente.

¡Hágalo!
Comparta con su líder esta semana recursos específicos que le ayudarán en su liderazgo.

La formación de una perla dentro de una ostra toma tiempo, se van acumulando capas sobre una partícula de arena dentro de la concha. Debido a la irritación la ostra segrega un líquido llamado madre perla para protegerse. Al endurecerse el líquido forma una capa suave alrededor del grano de arena que irritara el interior de la ostra. Las capas finalmente producen una gema natural.

La meta de Dios es formar una gema del líder al que está entrenando. Tiene el privilegio de ser el agente especial de Dios para desarrollar en el líder una imagen similar a Jesús.

¡Memorízalo!
"Por su acción todo el cuerpo crece y se edifica en amor, sostenido y ajustado por todos los ligamentos, según la actividad propia de cada miembro."
(Efesios 4:16).

¡Recuérdalo!

¿Cuál punto de esta lección más le llamó la atención?

_____

_____

_____

_____

_____

_____

_____

_____

Puntos principales:

1. El desarrollo es el proceso para ayudar al líder a crecer en madurez.

2. Los entrenadores efectivos encuentran los recursos específicos que satisfacen las necesidades particulares.

3. Repasar las jugadas es uno de las técnicas de desarrollo más importantes del entrenador.

¡Practícalo!

1. Identifica las necesidades particulares en la vida del líder y los recursos apropiados.

2. Descubre libros, artículos, y seminarios para grupos pequeños que pueda pasar a su líder.

3. No se canse de repetir los mismos temas, sabiendo que está desarrollando valores para toda la vida en su líder.

Planee estratégicamente

Cada año de mi Segundo término de cuatro años como misionero en Ecuador, serví en el "comité de estrategias."

En ese tiempo, el papel del comité de estrategias era pensar en la manera más elegante de salir del Ecuador y hacer que un líder nacional tomase el poder. La iglesia de la Alianza Cristiana y Misionera, denominación en la que servía entonces, sentía correctamente que después de cien años de presencia de misioneros extranjeros en Ecuador era hora que se pasase el cetro a la iglesia nacional. Nuestra estrategia, por lo tanto, era ayudar a los misioneros del presente a encontrar nuevos y inexplorados campos de servicio.

Pablo el apóstol también tenía una estrategia para pasar el poder a alguien antes de morir. Al final de su vida le comunicó a su discípulo, Timoteo, para que pasase lo aprendido a la próxima generación. Le dijo: "Así que tú, hijo mío, fortalécete por la gracia que tenemos en Cristo Jesús. Lo que me has oído decir en presencia de muchos testigos, encomiéndalo a creyentes dignos de confianza, que a su vez estén capacitados para enseñar a otros." (2 Timoteo 2:1–2).

El mandato de Pablo a Timoteo era continuar el proceso de hacer discípulos para ganar al mundo perdido. El hacer discípulos es un estilo de vida que todos necesitamos seguir. Es el estilo de vida del Maestro. En el mundo deportivo ese destino es la victoria. En el ámbito cristiano la meta es hacer discípulos que hagan otros discípulos. Las últimas palabras de Jesús a sus discípulos fueron: "Por tanto, vayan y hagan discípulos de todas las naciones, bautizándolos en el nombre del Padre y del Hijo y del Espíritu Santo, enseñándoles a obedecer todo lo que les he mandado a ustedes. Y les aseguro que estaré con ustedes siempre, hasta el fin del mundo." (Mateo 28:19–20).

La multiplicación de líderes es una estrategia saludable

Una líder con quien estaba trabajando me dijo que todos sus miembros del grupo pequeños eran prácticamente unos "retardados." Los había catalogado de incapaces y sentía que tenía que hacer todo por sí misma. Le desafié a hacer discípulos de sus miembros desarrollándolos y creyendo que Dios podía usarlos. Ella aceptó el desafío y comenzó a ver el potencial en cada uno de los miembros de su grupo. Finalmente prepare a uno para liderar el grupo mientras ella comenzaba otro. Más adelante me comentó que el grupo había cobrado nueva vida bajo el liderazgo del nuevo líder. ¡Ella era quien estaba deteniendo al grupo debido a su espíritu crítico!

¡Pruébalo!

- Lea Mateo 9:38.
- ¿Por qué motivo nos pide Jesús que oremos?

_____

_____

_____

_____

- ¿Cuál es la conexión entre levantar nuevos obreros y multiplicar grupos celulares?

_____

_____

_____

_____

_____

Muchas veces el entrenador debe ayudar al líder a ver el potencial en los miembros de su grupo pequeño. El entrenador debe recordar al líder que en algún momento la conducción debe pasarse a alguien más en el grupo, se deben hacer discípulos que hagan discípulos. Como entrenador, necesita ayudar al líder a identificar miembros del grupo que tengan el potencial de llegar a ser líderes. Hay varias maneras para poder poner en marcha el proceso.

Primero, ayude al líder a involucrar a otros en la vida del grupo. Asegúrese que el líder permite que los miembros del grupo participen en las actividades rompehielos, adoración, lecciones, y tiempo de testimonio. Me alienta mucho ver líderes que permiten a los miembros del grupo participar en todos los aspectos del grupo pequeño.

Segundo, asegúrese que el líder esté alentando a los miembros del grupo a participar el proceso de entrenamiento. El líder no necesita conducir todo el entrenamiento por sí mismo. Muchas iglesias ofrecen un proceso de entrenamiento para que cada miembro lo pueda tomar. El entrenamiento otorga confianza al futuro líder de célula. El entrenamiento no responde toda las preguntas pero provee los principios fundacionales para que el futuro líder pueda ministrar a otros. [1] Algunas veces las personas piensan equivocadamente que el líder de célula toma a una persona dispuesta y le dice: "Vaya y lidere el nuevo grupo celular." En realidad el orden adecuado comienza diciéndole a la persona "inscríbase en el proceso de entrenamiento para llegar a ser un líder de célula."

Ayude al líder a poner una meta para la multiplicación

Algunos líderes no quieren hablar acerca de la multiplicación por temor a ofender a algunos de sus miembros del grupo. Posiblemente el líder puede pensar que la multiplicación es un acontecimiento

---

1 Mi libro *Leadership Explosion,* Houston, TX: Touch Publications, 2003, en en español *Explosión De Liderazgo: Cómo preparar líderes para multiplicar los grupos celulares,* presenta las diferentes opciones de entrenamiento que las Iglesias usan para preparar a los miembros para llegar a ser líderes de células. Este libro puede ser adquirido en http://store.joelcomiskeygroup.com/exdeli.html o llamando a 1-888-344-CELL.

espontáneo o el resultado de una dramática transformación en alguno de sus miembros.

Pero si el líder no comparte con sus miembros que la multiplicación es parte del plan, ¿cree que los miembros se sentirían felices de ver a alguien que forma otro grupo debido a una transformación dramática? ¿No puede ser esto considerado como una estrategia de tener gato por liebre cuando la transformación ocurre? Creo que es mucho mejor anunciar a los miembros del grupo desde el comienzo cual es el plan. Si lo anuncia con suficiente anticipación (un año antes de la multiplicación), les dará suficiente tiempo como para preparar sus corazones. Le sugiero que tome el tema de la multiplicación como un punto de discusión al tiempo de la formación del grupo.

¡Pruébalo!

• ¿Tiene el líder al que está entrenando una fecha precisa cuando multiplicar el grupo? De ser así, ¿cuándo? ¿Cómo lo toman los miembros de la célula?

_____

_____

_____

_____

• De no ser así, ¿por qué? Y ¿cómo necesita trabajar con su líder para ayudarle a establecer una fecha para la multiplicación?

_____

_____

_____

_____

La idea de fijar una meta para la multiplicación fue confirmada en mi investigación para mi tesis de doctorado al consultar ocho grandes iglesias celulares en ocho diferentes países. Se preguntó a 700 líderes celulares: "¿sabe cuándo su grupo celular va a multiplicarse?" Habían tres posibles respuestas: "si," "no," "no estoy seguro." Cuando fueron analizados los resultados los líderes que sabían cuáles eran sus metas, cuándo sus grupos iban a dar luz a un nuevo grupo, multiplicaron consecuentemente sus grupos en un mayor grado que aquellos que no conocían sus metas o que "simplemente esperaban que la multiplicación ocurriera espontáneamente." Por cierto si el líder no fija metas que todos los miembros puedan recordar, las posibilidades que una multiplicación ocurra son de solo un 50 por ciento. Pero si el líder define una meta clara para la multiplicación, las posibilidades se incrementan a tres de cada cuatro oportunidades. Sin la responsabilidad de responder a una meta es fácil navegar sin rumbo y permanecer satisfecho con el statu quo.

Aunque el desarrollo de relaciones y la formación de una comunidad son partes esenciales de la vida del grupo, he comprobado que ni éstas ni el crecimiento personal son conducentes a la multiplicación. Se necesitan tener una visión y un foco externo al grupo. El líder y el entrenador necesitan promover y preparar al grupo para que la multiplicación realmente ocurra.

Preste atención a los detalles

Para que ocurra la multiplicación celular, el líder debe implementar correctamente varias cosas. La tarea del entrenador es ayudar al líder en cada una de dichas áreas.

Primero, antes de todo, el entrenador necesita recordar al líder que la multiplicación es obra del Espíritu Santo. El éxito finalmente depende en el liderazgo, dirección y acción del Espíritu Santo en el proceso estratégico. Algunas veces los líderes desean ver éxito en sus planes aunque esto implicare adelantarse a la obra del Espíritu Santo. Es crítico que se tenga una dependencia en oración por el poder del Espíritu Santo sobre los líderes y miembros del grupo.

El segundo detalle muy importante es hallar un aprendiz. El entrenador debiera trabajar con el líder para identificar un posible aprendiz que posea un hambre por Dios y fidelidad para participar y asistir a las reuniones de la célula. Posteriormente el entrenador debiera ayudar al líder a reclutar y desarrollar al aprendiz.

Hay varios otros detalles que el entrenador debe tratar con sus líderes. Los líderes celulares debieran mejorar las dinámicas de los grupos, discipular a los miembros y evangelizar nuevas personas para preparar la célula para su multiplicación. Centrarse en un detalle por encima de otros solamente frenará el crecimiento de la célula.

Si un líder se concentra solamente en las dinámicas de grupo (i.e. la lección, habilidades para escuchar, etc.), el desarrollo del liderazgo va a sufrir, el grupo se centrará en sí mismo y se paralizará. Si un líder se concentra solamente en el evangelismo, muchos creyentes se irán por la puerta trasera. Para que se alcance el punto de multiplicación celular el líder debe hacer muchas cosas buen y debe ser felicitado y reconocido en consecuencia.

Su papel como entrenador es esencial. Puede ayudar al líder recordándole:

- Introducir la visión de multiplicación desde el primer día
- Repasar la visión regularmente
- Orar por quién y cuándo preparar para que sea un nuevo líder
- Rotar el liderazgo de forma regular
- Ser equilibrado en los énfasis para que ocurra la multiplicación
- Cuidarse de no usar términos negativos (separar, dividir, partir)

Los buenos líderes delegan tantas tareas como sean posible, estimulando a otros en el grupo a visitar, hacer llamadas telefónicas, y participar en la célula. Los líderes de células se ocupan que todos los detalles sean tomados en cuenta.

¡Pruébalo!

- Lea Apocalipsis 1:6.
- ¿Qué nos dice este verso acerca del papel de cada creyente?

_____

_____

_____

- ¿Qué ha estado haciendo para ayudar al líder a levantar nuevos líderes (ministros) en el grupo celular?
- ¿En qué áreas cree que necesita esforzarse?

_____

_____

_____

_____

Conducir todo el proceso

La tarea crítica del entrenador es ayudar al líder a dar luz a un nuevo grupo. Requiere de la enseñanza que viene principalmente de la experiencia personal. Un entrenador eficiente es aquel que ha pasado por lo mismo que su líder y puede alentarle a ver cómo todo va a funcionar, que el nuevo grupo va a salir adelante y que el grupo madre no va a disolverse. El entrenador colabora con el líder a lo largo de todo el proceso de multiplicación. Trabajan juntos para fijar las metas para el nuevo grupo, el nuevo líder y el plan de discipulado.

Una reunión importante es aquella cuando se concentran para definir la manera en que el nuevo grupo ha de nacer. Una vez que el entrenador y el líder se sienten confiados que el aprendiz está suficientemente listo, deben considerar las opciones para la multiplicación:

- Multiplicación estilo "madre-hija"—la mitad del grupo sale bajo el liderazgo del aprendiz para iniciar la nueva célula.
- Equipo de plantación—dos o más del grupo plantan una nueva célula.
- Equipo de plantación modificado—El líder del grupo sale con uno o dos para formar una nueva célula.
- Pionero—El aprendiz sale para encontrar un asistente para comenzar una célula de cero.
- Modelo subgrupo—En Nuevo grupo potencial se reúne en otro cuarto de la casa mientras se preparan para salir de la célula madre..

¡Hágalo!
Planee con su líder la multiplicación de la célula.
Ayude al líder a alcanzar la meta.

¡Pruébalo!

- ¿Qué método de multiplicación celular le resulta más efectivo? ¿por qué?

_____

_____

_____

_____

_____

_____

Un buen entrenador frecuentemente recordará al líder acerca de la reproducción celular. "Dime Jorge, ¿a quién estás preparando para que lidere la próxima célula?" "¿Has compartido con el grupo acerca del propósito superior de la multiplicación celular?" Si observa una tendencia al estancamiento, aliente al líder del grupo a planear por el Nuevo grupo. Puede ayudarle a encontrar y entrenar al próximo líder. Los líderes de célula muchas veces no saben las calificaciones para un buen aprendiz. Tratan de descubrir talentos, dones, o personalidad. Aún algunos consideran las características físicas o la apariencia personal. Aquí es donde usted, un entrenador más experimentador, puede proveer la ayuda necesaria para discernir valores espirituales. Permite que su líder vea la obra de Dios en una manera más amplia.

¡Memorízalo!

"No dejaban de reunirse en el templo ni un solo día. De casa en casa partían el pan y compartían la comida con alegría y generosidad..." (Hechos 2: 46).

¡Recuérdalo!

¿Cuál principio en esta lección le pareció más importante?

_____

_____

_____

_____

_____

_____

_____

Puntos principales:

1. La multiplicación de células es una estrategia para la multiplicación de nuevos líderes (discípulos).
2. Establecer una meta para la multiplicación ayuda al grupo a concentrarse en entrenar un nuevo líder y realmente multiplicarse.
3. El papel del entrenador es ayudar al líder a cumplir con la visión de multiplicación.

¡Practícalo!

1. Ore por su líder para que tome una visión de multiplicación.
2. Colabore con el líder para establecer una fecha para la multiplicación.
3. Guíe a su líder a elegir un aprendiz y realmente multiplique el grupo.

Desafíe

Dos hombres que vivían en una aldea no podían resolver una gran disputa. Por lo tanto decidieron consultar con el "sabio" de la aldea. El primero entró y expuso su punto de vista de lo que había acontecido. Al terminar el sabio le dijo: "tienes toda la razón." El segundo entró y contó su parte de la historia. El sabio meditó por un momento y acotó: "tienes toda la razón." Su esposa, que estaba escuchando, regañó al sabio diciéndole: "esos hombres vinieron y te contaron dos historias completamente diferentes pero a ambos les dijiste que tenían la razón y eso es absolutamente imposible que dos opiniones contradictorias tengan la razón simultáneamente." A lo que el sabio respondió: "sabes querida, tienes toda la razón."

Algunas personas hacen hasta lo imposible para evitar un conflicto—y yo me incluyo en esa categoría. Pero el conflicto es parte de la vida, y evitar la confrontación es muchas veces la receta para un conflicto aún peor.

La palabra desafío tiene diferentes connotaciones. En esta lección la uso en el sentido de hablar la verdad en amor a quienes necesitan oírla. Aunque puede ser doloroso, desafiar a una persona es absolutamente esencial. Es parte del proceso de amar al prójimo como a uno mismo. Se trata de amar al otro de manera de confrontar las realidades de su mundo.

Importarle lo suficiente como para confrontar

Visité un grupo celular en el que el líder interrumpió el rompehielos para poder tener más tiempo para su exposición de la palabra y dominar toda la discusión en los siguientes cuarenta minutos. Muy pocos tuvieron la oportunidad de comentar algo. Salí apesadumbrado sabiendo que muy pocos iban a aplicar la lección a sus vidas.

Podría haber ignorado el problema para evitar el conflicto. Pero lo responsable fue hablar con el líder acerca de cómo facilitar la discusión e invitar a otros miembros del grupo a participar. El líder aceptó mi desafío y creció en su liderazgo en el ministerio celular.

Muchas veces las personas separan el importarle las personas del saber confrontarlas: creen que importarle es bueno pero confrontar es malo. David Augsberger, sin embargo, piensa que los dos son inseparables. Ha inventado un término que puede traducirse como importar-confrontar. Augsberger dice: "Importar-confrontar es ofrecer un cuidado genuino que intenta ayudar al otro a crecer... Importar-confrontar es ofrecer una real confrontación que busca un nuevo entendimiento y descubrimiento personal... Importar-confrontar une amor y poder. Importar-confrontar unifica la preocupación por relaciones como por metas en la vida."[1]

¡Pruébalo!

- Lea Efesios 4:15.
- De acuerdo con el versículo ¿cómo debiéramos hablar la verdad de Dios?

_____

_____

- ¿Titubea al tener que desafiar a otros? ¿Por qué?

_____

_____

- ¿Cómo puede mejorar en esta área?

_____

_____

_____

---

1 David Augsburger, *Caring Enough to Confront,* Ventura, CA: Regal Books, 1981, pp. 9-10.

Si realmente nos interesaran las personas las debemos confrontar cuando es necesario. Es un amor falso cuando se actúa como si todo estuviera bien y no se quiere corregir deficiencias que impiden la efectividad del líder. Un entrenador de cualquier equipo deportivo ha de confrontar las deficiencias de los jugadores por el bien del equipo. Lo mismo sucede cuando se es un entrenador de líderes de grupos pequeños. Lo mejor que puede hacer por una persona que le interesa es confrontarle—hablar la verdad en amor. Hablar la verdad a su líder acerca de un área que necesita corrección finalmente le ayudará al líder como asimismo a la célula.

Los entrenadores necesitan mostrar a los líderes de célula que tienen que apreciar cuando alguien les apreciar-confrontar. Si el entrenador se ofende por la corrección, lo mismo pasará con el líder. La esencia de ser un entrenador es modelar una actitud piadosa y un estilo de vida que refleje a Cristo. Así como la fe se "aprehende antes de aprenderse" lo mismo es el entrenamiento efectivo.

Pedir permiso

Pedir permiso le ayuda a entrar al corazón de su líder. A las personas no les gusta ser invadidos en sus vidas privadas. Se sienten violados. Pero si primero obtiene el permiso de la persona, no va a quejarse después.

Cierto líder no estaba dispuesto a ver a uno de los miembros de su grupo como un líder potencial. Sinceramente yo creía que esa persona podría ser un líder excelente, por lo tanto me dirigí a él diciéndole: "Jim, ¿me permites darte una observación acerca de tu grupo." Inmediatamente me respondió: "Claro, dime." Entonces procedí a expresarle acerca de la necesidad de darle a Tom una oportunidad. Jim estuvo abierto a escuchar lo que tenía que decirle y aunque no compartía completamente mi perspectiva, pude expresarle mi opinión y sembrar una semilla en su mente.

Al pedir permiso antes de compartir un problema o preocupación incrementa el respeto que el líder siente por usted. Pone el control a donde pertenece—en las manos del líder. El pedir permiso es especialmente importante cuando se tratan temas inusualmente íntimos o potencialmente incómodos para el líder. También recuerda al líder que ellos tienen autoridad en la relación. Demuestra que el entrenador conoce los límites de su propia autoridad. El entrenador no es el jefe del líder.

¡Pruébalo!

- Lea 2 Timoteo 2:24-25.
- ¿Cómo debe reaccionar el siervo del Señor?

_____

_____

- ¿Cómo puede aplicar estos principios en su entrenamiento?

_____

_____

_____

- ¿De qué manera el pedir permiso alivia la tensión cuando necesita desafiar a su líder?

_____

_____

Ejercito esto aun cuando sé que la respuesta del líder ha de ser positiva. Lo hago por el beneficio de la persona porque sé que cuando se siente en el asiento del conductor sabe que tiene la decisión final en sus manos. Todo recae sobre sus espaldas porque tiene el poder de decidir.

Frenar al líder

Frenar es una técnica que permite al entrenador redirigir la conversación cuando el líder está divagando. Es excelente asimismo cuando el entrenador siente la dirección del Espíritu de Dios a tomar la conversación en una dirección diferente. En vez de esperar a una pausa cortés, el entrenador interrumpe y redirige la conversación— sin ser rudo, al mismo tiempo.

Suponga que ha estado en el teléfono con el líder pero tiene que hacer otra llamada en 15 minutos. Ya ha estado hablando acerca de su vida, matrimonio y otras actividades diarias. Sabe que tiene que tocar el tema de las dinámicas del grupo, pero el líder continúa divagando acerca de su película predilecta y se pierde en detalles. Usted sabe que esto puede tomar todo el tiempo que le queda en esta llamada. ¿Qué ha de hacer? Por medio de la técnica "frenar al líder" simplemente corta el monólogo ni bien encuentra una apertura para volver la conversación al tema que desea tratar. Puede simplemente preguntarle acerca de lo acontecido en la última reunión del grupo para conducir gentilmente la discusión al tema de las dinámicas de grupo.

¡Pruébalo!

- ¿Qué piensa acerca de la técnica de frenar al líder?

_____

_____

_____

- ¿Le parece que esto le funcionaría? ¿Por qué?

_____

_____

_____

_____

Frenar ayuda al entrenamiento a permanecer equilibrado. En un extreme el entrenador habla mucho, en el otro el entrenador no habla cuando debiera. Si el entrenador no frena al líder algunas veces, especialmente cuando esté divagando, el líder pensará que el propósito de la sesión es contar historias. Mantener al líder en curso por medio de frenarlo será de mutuo beneficio..

Ayudar al líder a fijar prioridades

Algunas veces los líderes se sienten a la deriva. Como entrenador necesita desafiarle a concentrarse en aquellas cosas que son más importantes. Por ejemplo: la familia. Si un líder está descuidando a sus amados, como entrenador necesita orar y luego brindarle su consejo.

En culturas consumistas, los líderes son atrapados en ganar más dinero; la avaricia no tiene fin. La tarea del entrenador es ayudarle a priorizar y recordar al líder que Dios es finalmente quien está en control de todo y que todos vamos a rendir cuentas frente a su trono.

¡Pruébalo!

- Lea Mateo 22: 37-39
- ¿Cuáles son las mayores prioridades de acuerdo a este pasaje?

_____

_____

_____

- ¿Cómo puede ayudar al líder a fijar esas prioridades?

_____

_____

_____

_____

_____

Espere que Dios obre por medio suyo

La expectativa de lo que Dios desea hacer en la vida del líder es clave para este proceso. Dios es todopoderoso y puede hacer lo imposible. La expectativa es que Dios ha de obrar. Puede esperar grandes cosas de Dios al intentar grandes cosas para Dios. Si no espera algo, no va a recibir nada. La expectativa es el proceso por el cual el Espíritu Santo inicia la impartición de su poder por medio nuestro. El tener grandes expectativas es como abrir ampliamente la puerta al Espíritu Santo para que se mueva en nuestras vidas y ministerio.

¡Pruébalo!

* Lea Hechos 13:1-3.
* ¿Qué hacían los discípulos?
* ¿Cómo se movió Dios?

_____

_____

* ¿Cómo puede aplicar el principio de la expectativa en su relación con el líder?

_____

_____

_____

_____

_____

Jesús dijo en Juan 14: 15–18: "»Si ustedes me aman, obedecerán mis mandamientos. Y yo le pediré al Padre, y él les dará otro Consolador para que los acompañe siempre: el Espíritu de verdad, a quien el mundo no puede aceptar porque no lo ve ni lo conoce. Pero ustedes sí lo conocen, porque vive con ustedes y estará en ustedes. No los voy a dejar huérfanos; volveré a ustedes."

La buena noticia es que usted no está entrenándolo solo. Tiene al Espíritu Santo por guía, dirección y perfeccionamiento en su entrenamiento. Llegará a ser un gran entrenador al confiar en él en cada paso que dé.

> ### ¡Hágalo!
> *La próxima vez que necesite desafiar a su líder en un tema en particular, use la frase "¿me permites compartir algo contigo?"*

> ### ¡Memorízalo!
> "Y el Verbo se hizo hombre y habitó entre nosotros. Y hemos contemplado su gloria, la gloria que corresponde al Hijo unigénito del Padre, lleno de gracia y de verdad."
> (Juan 1:14).

¡Recuérdalo!

¿Qué fue lo mejor de esta lección para usted?

_____

_____

_____

_____

_____

_____

_____

_____

_____

_____

Puntos principales:

1. Confrontar al líder es mostrarle amor.
2. Pedir permiso confiere al líder el derecho de decir no.
3. Necesitamos esperar que Dios esté obrando a través nuestro al entrenar líderes.

¡Practícalo!

1. Confronte al líder cuando haya algo inconsistente con las Escrituras.
2. Pida permiso al líder cuando necesite hablarle de algún tema personal.
3. Espere que Dios obre a través suyo en su ministerio..

Cómo usar este material para ser un buen entrenador

Muchas Iglesias usan este material para enseñarlo en grupos. Esta es la manera más natural pero no la única. Si desea enseñar a un grupo tiene disponible bosquejos, presentaciones de Power Point en un CD, el libro de entrenamiento avanzado, Discover and Coach, como asimismo los cinco libros del entrenamiento básico. Este CD (en inglés aún) puede ser adquirido en www.joelcomiskeygroup.com o llamando al 1-888-344-CELL.

Otra manera de entrenar a alguien es permitir a la persona complete cada lección individualmente y luego pedir a alguien del mismo sexo que actúe como entrenador. El entrenador debe verificar que el aprendiz haga las tareas y comparta lo que está aprendiendo.

Yo creo en la multiplicidad de métodos para el material de enseñanza. Lo cierto es que no todos pueden ser parte de un grupo. Y aun así la persona necesita entrenamiento. El entrenamiento es la mejor opción.

Cómo entrenar al aprendiz usando el material

Idealmente, el entrenador se encontraría con el aprendiz luego de cada lección. Sin embargo, algunas veces el aprendiz completaría varias lecciones y el entrenador combinaría dichas lecciones cuando se encontraren.

El entrenador es una persona que ha completado el material y ahora está ayudando a otro en el proceso de entrenamiento. Además, el entrenador debiera tener:

- Una relación íntima con Jesús.
- Un espíritu dispuesto, servicial y gentil. El entrenador no necesita ser un "maestro." El libro es el maestro—el entrenador

simplemente ayuda al aprendiz a ser fiel al proceso por medio de preguntas y el aliento de la oración.

Recomiendo mi libro, *How to Be a Great Cell Group Coach (Cómo Ser un Excelente Asesor de Grupos Celulares)*, para ampliar su comprensión del proceso de entrenamiento (este libro puede ser adquirido en el sitio de JCG (http://store.joelcomiskeygroup.com/spbobyjoco.html) o llamando a 1-888-344 CELL). Los principios en How to Be a Great Cell Group Coach se aplican no solamente a entrenar líderes celulares sino además al aprendiz. Recomiendo los siguientes principios:

- *Reciba de Dios.* El entrenador necesita recibir de Jesús la luz necesaria para poder compartir con el aprendiz algo de verdadero valor.
- *Escuche a la persona.* La tarea del entrenador es escuchar las respuestas del aprendiz. El entrenador debiera prestar atención al gozo, a las luchas y a los pedidos de oración.
- *Alentar al aprendiz.* La mayoría de las veces lo mejor que el entrenador puede hacer es señalar las áreas fuertes del aprendiz. Sugiero a los entrenadores a volverse fanáticos en alentar personas. Todos conocemos nuestras fallas y vivimos condenándonos a nosotros mismos. El aliento ayudará al aprendiz a buscar el próximo encuentro de la próxima lección. Trate de comenzar cada lección señalando algo positivo acerca de la persona o de lo que está haciendo.
- *Preocuparse por el individuo.* Esta persona puede estar luchando con algo más allá de la lección. El material puede hacer surgir algún área problemática en su vida. Los mejores entrenadores están dispuestos a tocar aquellas áreas de necesidad por medio de la oración y el consejo. Y es perfectamente aceptable que el entrenador simplemente diga: "No tengo una respuesta para tu dilema en este momento, pero sé quien la tiene." El entrenador puede ir a su entrenador para hallar las respuestas para la próxima semana.
- *Desarrolle/capacite a la persona.* Presumiblemente la persona tiene lista la lección. La meta del entrenador es facilitar el proceso de aprendizaje haciendo las preguntas apropiadas para la lección.

- *Planee estratégicamente con el aprendiz.* La tarea del entrenador es verificar que el aprendiz complete la próxima lección y esté listo para la presente. El principal papel del entrenador es ayudarle a mantener el ritmo y obtener lo máximo posible del material.
- *Desafiar a la persona.* Algunos piensan que importarle la persona es bueno pero confrontarla es malo. La palabra preocupar-confrontar combina ambos conceptos y es lo que la Biblia enseña. Si realmente nos importa, vamos a confrontarle. El Espíritu puede mostrarle áreas en la vida del aprendiz que necesitan sujetarse al Señorío de Cristo. La mejor manera de tratar esto es pedir permiso. Puede decir: "Tom, ¿me permites decirte algo que he notado últimamente?" Luego que la persona le da permiso, puede compartir lo que el Señor ha puesto en su corazón..

Primera Sesión

El Espíritu Santo guiará la sesión al reunirse el entrenador con el aprendiz. La creatividad y la flexibilidad debieran reinar. Recomiendo sin embargo los siguientes principios:

- *Conozca a la persona.* Una buena manera de comenzar es usar las preguntas cuáqueras. Esto ayudará a crear un clima más cálido en la reunión. Luego de la primer semana, el entrenador simplemente puede iniciar con una oración y hacer preguntas acerca de la vida del aprendiz (i.e., familia, trabajo, estudios, crecimiento espiritual, etc.)

Las preguntas cuáqueras
1. ¿Dónde vivía entre las edades 7-12?
2. ¿Cuántos hermanos y hermanas tuvo?
3. ¿Qué medio de transporte usaba la familia?
4. ¿Quién fue la persona que estuvo más cerca suyo en esos años?

- *Sea transparente.* Como usted ha completado este material, comparta sus experiencias con el aprendiz. La transparencia abre muchas puertas en la relación. Los buenos entrenadores comparten tanto las victorias como las luchas.

Preguntas del entrenamiento para cada semana

Un buen entrenador hace muchas preguntas y presta atención a las respuestas. La meta es inspirar respuestas en el aprendiz que apliquen el material a la vida diaria. Estas son algunas preguntas claves:

1. ¿Qué le gusto más en la(s) lección (s)?
2. ¿Qué le gusto menos?
3. ¿Qué no entendió?
4. ¿Qué aprendió de Dios que antes no sabía?
5. ¿Qué debe poner en práctica? El entrenador no necesita preguntar cada una de estas preguntas, pero es bueno tener un plan, de manera que el aprendiz sepa qué esperar cada semana.

Plan para cada semana:

1. Prepárese espiritualmente antes de cada sesión.
2. Lea la lección cada semana en preparación para la sesión, recordando los pensamientos y las preguntas que usted se hacía cuando tomó el material.
3. Comience la sesión con una oración.
4. Haga las preguntas de entrenamiento.
5. Confíe que el Espíritu Santo formará a su aprendiz.
6. Termine con una oración.

RECURSOS DE JOEL COMISKEY

Los libros previos en español de Joel Comiskey cubren los siguientes temas:

- Dirigiendo un grupo celular (*Cómo dirigir un grupo celular con éxito*, 2001)
- Cómo multiplicar el grupo celular (*La explosión de los grupos celulares en los hogares*, 1998)
- Cómo prepararse espiritualmente para el ministerio celular (*Una cita con el Rey*, 2002)
- Cómo organizar en forma práctica su sistema de células (*Recoged la cosecha*, 2001, 2011)
- Cómo entrenar futuros líderes de células (*La explosión de la iglesia celular*, 2004)
- Cómo dar mentoría/cuidar de líderes celulares (*Cómo ser un excelente asesor de grupos celulares*, 2003; *Grupos de doce*, 2000; *De doce a tres*, 2002)
- Principios de la segunda iglesia más grande del mundo (*Elim*, 2004).
- Cómo funciona una iglesia celula en Norteamérica (*La Iglesia que se multiplica*, 2007)
- Cómo plantar una iglesia (*Plantando iglesias que se reproducen*, 2010)
- Cinco libros de capacitación (*Vive, Encuentro, Crece, Comparte, Dirige*, 2011)
- Como ser un discípulo relacional (*Discípulo Relacional*, 2011).
- Como los dones del Esprítu Santo funcionen dentro de una celula. (*El Grupo Celular Lleno del Espíritu*, 2011).
- Cómo distinguir Mitos y Verdadses (*Mitos y Verdades de la Iglesia Celular*, 2012)
- Los fundamentos Bíblicos para la iglesia celular (*Fundamentos Bíblicos para la Iglesia Basada en Células, 2013*)

Como dirigir un grupo celular con éxito:
para que las personas quieran regresar

¿Anhela la gente regresar a vuestras reuniones de grupo cada semana? ¿Os divertís y experimentáis gozo durante vuestras reuniones? ¿Participan todos en la discusión y el ministerio? Tú puedes dirigir una buena reunión de célula, una que transforma vidas y es dinámica. La mayoría no se da cuenta que puede crear un ambiente lleno del Señor porque no sabe cómo. Aquí se comparte el secreto. Esta guía te mostrará cómo:

- Prepararte espiritualmente para escuchar a Dios durante la reunión
- Estructurar la reunión para que fluya
- Animar a las personas en el grupo a participar y compartir abiertamente sus vidas
- Compartir tu vida con otros del grupo
- Crear preguntas estimulantes
- Escuchar eficazmente para descubrir lo que pasa en la vida de otros
- Animar y edificar a los demás miembros del grupo
- Abrir el grupo para recibir a los no-cristianos
- Tomar en cuenta los detalles que crean un ambiente acogedor.

Al poner en práctica estas ideas, probadas a través del tiempo, vuestras reuniones de grupo llegarán a ser lo más importante de la semana para los miembros. Van a regresar a casa queriendo más y van a regresar cada semana trayendo a personas nuevas con ellos. 140 páginas.

La explosión de los grupos celulares en los hogares; Cómo su grupo pequeño puede crecer y multiplicarse

Este libro cristaliza las conclusiones del autor en unas 18 áreas de investigación, basadas en un cuestionario meticuloso que dio a líderes de iglesias celulares en ocho países alrededor del mundo—lugares que él personalmente visitó para la investigación. Las notas detalladas al fin del libro ofrecen al estudiante del crecimiento de la iglesia celular una rica mina a seguir explorando. Lo atractivo de este libro es que no sólo resume los resultados de su encuesta en una forma muy convincente sino que sigue analizando, en capítulos separados, muchos de los resultados de una manera práctica. Se espera que un líder de célula en una iglesia, una persona haciendo sus prácticas o un miembro de célula, al completar la lectura de este libro fácil de leer, ponga sus prioridades/valores muy claros y listos para seguirlos. Si eres pastor o líder de un grupo pequeño, ¡deberías devorar este libro! Te animará y te dará pasos prácticos y sencillos para guiar un grupo pequeño en su vida y crecimiento dinámicos. 175 páginas.

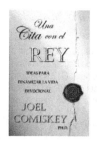

Una cita con el Rey:

Ideas para arrancar tu vida devocional

Con agendas llenas y largas listas de cosas por hacer, muchas veces la gente pone en espera la meta más importante de la vida: construir una relación íntima con Dios. Muchas veces los creyentes quieren seguir esta meta pero no saben como hacerlo. Se sienten frustrados o culpables cuando sus esfuerzos para tener un tiempo devocional personal parecen vacíos y sin fruto. Con un estilo amable y una manera de escribir que da ánimo, Joel Comiskey guía a los lectores sobre cómo tener una cita diaria con el Rey y convertirlo en un tiempo emocionante que tienes ganas de cumplir.

Primero, con instrucciones paso-a-paso de cómo pasar tiempo con Dios e ideas prácticas para experimentarlo con más plenitud, este libro contesta la pregunta, "¿Dónde debo comenzar?". Segundo, destaca los beneficios de pasar tiempo con Dios, incluyendo el gozo, la victoria sobre el pecado y la dirección espiritual. El libro ayudará a los cristianos a hacer la conexión con los recursos de Dios en forma diaria para que, aún en medio de muchos quehaceres, puedan caminar con él en intimidad y abundancia. 175 páginas.

Recoged la cosecha; Como el sistema de grupos pequeños puede hacer crecer su iglesia

¿Habéis tratado de tener grupos pequeños y habéis encontrado una barrera? ¿Os habéis preguntado por qué vuestros grupos no producen el fruto prometido? ¿Estáis tratando de hacer que vuestros grupos pequeños sean más efectivos? El Dr. Joel Comiskey, pastor y especialista de iglesias celulares, estudió las iglesias celulares más exitosas del mundo para determinar por qué crecen. La clave: han adoptado principios específicos. En cambio, iglesias que no adoptan estos principios tienen problemas con sus grupos y por eso no crecen. Iglesias celulares tienen éxito no porque tengan grupos pequeños sino porque los apoyan. En este libro descubriréis cómo trabajan estos sistemas. 246 páginas.

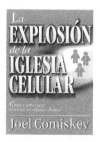

La Explosión de la Iglesia Celular: Cómo Estructurar la Iglesia en Células Eficaces (Editorial Clie, 2004)

Este libro se encuentra sólo en español y contiene la investigación de Joel Comiskey de ocho de las iglesias celulares más grandes del mundo, cinco de las cuales están en Latinoamérica. Detalla cómo hacer la transición de una iglesia tradicional a la estructura de una iglesia celular y muchas otras perspicacias, incluyendo cómo mantener la historia de una iglesia celular, cómo organizar vuestra iglesia para que sea una iglesia de oración, los principios más importantes de la iglesia celular, y cómo levantar un ejército de líderes celulares. 236 páginas.

Grupos de doce; *Una manera nueva de movilizar a los líderes y multiplicar los grupos en tu iglesia*

Este libro aclara la confusión del modelo de Grupos de 12. Joel estudió a profundidad la iglesia Misión Carismática Internacional de Bogotá, Colombia y otras iglesias G12 para extraer los principios sencillos que G12 tiene para ofrecer a vuestras iglesias. Este libro también contrasta el modelo G12 con el clásico 5x5 y muestra lo que podéis hacer con este nuevo modelo de ministerio. A través de la investigación en el terreno, el estudio de casos internacionales y la experiencia práctica, Joel Comiskey traza los principios del G12 que vuestra iglesia puede ocupar hoy. 182 páginas.

De doce a tres: *Cómo aplicar los principios G12 a tu iglesia*

El concepto de Grupos de 12 comenzó en Bogotá, Colombia, pero ahora se ha extendido por todo el mundo. Joel Comiskey ha pasado años investigando la estructura G12 y los principios que la sostienen. Este libro se enfoca en la aplicación de los principios en vez de la adopción del modelo entero. Traza los principios y provee una aplicación modificada que Joel llama G12.3. Esta propuesta presenta un modelo que se puede adaptar a diferentes contextos de la iglesia.

La sección final ilustra como implementar el G12.3 en diferentes tipos de iglesias, incluyendo plantaciones de iglesias, iglesias pequeñas, iglesias grandes e iglesias que ya tienen células. 178 paginas.

Explosión de liderazgo; *Multiplicando líderes de células para recoger la cosecha*

Algunos han dicho que grupos celulares son semilleros de líderes. Sin embargo, a veces, aún los mejores grupos celulares tienen escasez de líderes. Esta escasez impide el crecimiento y no se recoge mucho de la cosecha. Joel Comiskey ha descubierto por qué algunas iglesias son mejores que otras en levantar nuevos líderes celulares. Estas iglesias hacen más que orar y esperar nuevos líderes. Tienen una estrategia intencional, un plan para equipar rápidamente a cuantos nuevos lideres les sea posible. En este libro descubriréis los principios basados de estos modelos para que podáis aplicarlos. 202 páginas.

Elim; *Cómo los grupos celulares de Elim penetraron una ciudad entera para Jesús*

Este libro describe como la Iglesia Elim en San Salvador creció de un grupo pequeño a 116.000 personas en 10.000 grupos celulares. Comiskey toma los principios de Elim y los aplica a iglesias en Norteamérica y en todo el mundo. 158 páginas.

Cómo ser un excelente asesor de grupos celulares; Perspicacia práctica para apoyar y dar mentoría a líderes de grupos celulares

La investigación ha comprobado que el factor que más contribuye al éxito de una célula es la calidad de mentoría que se provee a los líderes de grupos celulares. Muchos sirven como entrenadores, pero no entienden plenamente qué deben hacer en este trabajo. Joel Comiskey ha identificado siete hábitos de los grandes mentores de grupos celulares. Éstos incluyen: Animando al líder del grupo celular, Cuidando de los aspectos múltiples de la vida del líder, Desarrollando el líder de célula en varios aspectos del liderazgo, Discerniendo estrategias con el líder celular para crear un plan, Desafiando el líder celular a crecer. En la sección uno, se traza las perspicacias prácticas de cómo desarrollar estos siete hábitos. La sección dos detalla cómo pulir las destrezas del mentor con instrucciones para diagnosticar los problemas de un grupo celular. Este libro te preparará para ser un buen mentor de grupos celulares, uno que asesora, apoya y guía a líderes de grupos celulares hacia un gran ministerio. 139 páginas.

Cinco libros de capacitación

Los cinco libros de capacitación son diseñados a entrenar a un creyente desde su conversión hasta poder liderar su propia célula. Cada uno de estos cinco libros contiene ocho lecciones. Cada lección tiene actividades interactivas que ayuda al creyente reflexionar sobre la lección de una manera personal y práctica.

Vive comienza el entrenamiento con las doctrinas básicas de la fe, incluyendo el baptismo y la santa cena.

Encuentro guíe un creyente a recibir libertad de hábitos pecaminosos. Puede usar este libro uno por un o en un grupo.

Crece explica cómo tener diariamente un tiempo devocional, para conocer a Cristo más íntimamente y crecer en madurez.

Comparte ofrece una visión práctica para ayudar a un creyente comunicar el evangelio con los que no son cristianos. Este libro tiene dos capítulos sobre evangelización a través de la celula.

Dirige prepare a un cristiano a facilitar una célula efectiva. Este libro será bueno para los que forman parte de un equipo de liderazgo en una célula.

El Discípulo Relacional: *Como Dios Usa La Comunidad para Formar a los Discípulos de Jesús*

Jesús vivió con sus discípulos por tres años enseñándoles lecciones de vida en grupo. Luego de tres años les mandó que "fueran e hicieran lo mismo" (Mateo 28:18-20). Jesús discipuló a sus seguidores por medio de relaciones interpersonales—y espera que nosotros hagamos lo mismo. A lo largo de las Escrituras encontramos abundantes exhortaciones a servirnos unos a otros. Este libro le mostrará cómo hacerlo. La vida de aislamiento de la cultura occidental de hoy crea un deseo por vivir en comunidad y el mundo entero anhela ver discípulos relacionales en acción. Este libro alentará a los seguidores de Cristo a permitir que Dios use las relaciones naturales de la vida: familia, amigos, compañeros de trabajo, células, iglesia y misiones para moldearlos como discípulos relaciones.

El Grupo Celular Lleno del Espíritu: *Haz Que Tu Grupo Experimente Los Dones Espirituales*

El centro de atención de muchos grupos celulares hoy en día ha pasado de ser una transformación dirigida por el Espíritu a ser simplemente un estudio bíblico. Pero utilizar los dones espirituales de todos los miembros del grupo es vital para la eficacia del grupo. Con una perspectiva nacida de la experiencia de más de veinte años en el ministerio de grupos celulares, Joel Comiskey explica cómo tanto los líderes como los participantes pueden ser formados sobrenaturalmente para tratar temas de la vida real. Pon estos principios en práctica y ¡tu grupo celular nunca será el mismo!

Mitos y Verdades de la Iglesia Celular: *Principios Claves que Construyen o Destruyen un Ministerio Celular*

La mayor parte del movimiento de la iglesia celular de hoy en día es dinámico, positivo y aplicable. Como ocurre con la mayoría de los esfuerzos, los errores y las falsas suposiciones también surgen para destruir un movimiento que es en realidad sano. Algunas veces estos falsos conceptos han hecho que la iglesia se extravíe por completo. En otras ocasiones condujeron al pastor y a la iglesia por un callejón sin salida y hacia un ministerio infructuoso. Sin tener en cuenta cómo se generaron los mitos, estos tuvieron un efecto escalofriante en el ministerio de la iglesia. En este libro, Joel Comiskey aborda estos errores y suposiciones falsas, ayudando a pastores y líderes a desenredar las madejas del legalismo que se han escabullido dentro del movimiento de la iglesia celular. Joel luego dirige a los lectores a aplicar principios bíblicos probados a través del tiempo, los cuales los conducirán hacia un ministerio celular fructífero.

Fundamentos Bíblicos para la Iglesia Basada en Células:
Percepciones del Nuevo Testamento para la Iglesia del Siglo Veintiuno

¿Por qué la iglesia celular? ¿Es porque la iglesia de David Cho es una iglesia celular y sucede que es la iglesia más grande en la historia del cristianismo? ¿Es porque la iglesia celular es la estrategia que muchas "grandes" iglesias están usando? La verdad es que la Biblia es el único fundamento sólido para cualquier cosa que hagamos. Sin un fundamento bíblico, no tenemos un fuerte apuntalamiento en el que podamos colgar nuestro ministerio y filosofía. En Fundamentos Bíblicos para la Iglesia Basada en Células, el Dr. Comiskey establece la base bíblica para el ministerio de grupos pequeños. Comiskey primero examina la comunidad dentro de la Trinidad y la estructura familiar del grupo pequeño en el Antiguo Testamento. Luego explora cómo Jesús implementó la nueva familia de Dios a través de las comunidades estrechamente unidas que encontramos en las iglesias en las casas. Comiskey luego cubre ampliamente cómo la iglesia primitiva se reunía en las casas, levantó liderazgos desde el interior y reunió a las iglesias en las casas para celebrar. El libro concluye exponiendo cómo las iglesias pueden aplicar de manera práctica los principios bíblicos encontrados en este libro.

Made in the USA
Monee, IL
10 November 2023

46169694R00066